BIBLIOTHÈQUE THÉOSOPHIQUE

LA
PHILOSOPHIE ÉSOTÉRIQUE
DE L'INDE

PAR

J.-C. CHATTERJI
(Brâhmachârin Bodhabhikshu)

QUATRIÈME ÉDITION

PARIS
PUBLICATIONS THÉOSOPHIQUES
10, RUE SAINT-LAZARE, 10

1903

LA PHILOSOPHIE ÉSOTÉRIQUE

DE L'INDE

La **BIBLIOTHÈQUE THÉOSOPHIQUE** se compose

D'OUVRAGES PUBLIÉS

PAR LES SOINS

du **Comité de Publications Théosophiques**

59, Avenue de la Bourdonnais

BIBLIOTHÈQUE THÉOSOPHIQUE

LA PHILOSOPHIE ÉSOTÉRIQUE DE L'INDE

PAR

J.-C. CHATTERJI

(Brâhmachârin Bodhabhikshu)

QUATRIÈME ÉDITION

PARIS
PUBLICATIONS THÉOSOPHIQUES
10, RUE SAINT-LAZARE, 10

1903

PRÉFACE DE LA PREMIÈRE ÉDITION

Ces Conférences, esquisse sommaire d'une Philosophie vieille et vaste autant que le Monde, furent faites à Bruxelles, en mai 1898. Le Conférencier ne s'exprimant qu'en anglais, nous dûmes interpréter au fur et à mesure ses paroles. C'est d'après des notes prises sur place que nous tentons, à la demande de nombreux auditeurs, et en l'absence du conférencier, cette reconstitution, forcément insuffisante. Nous en prenons à notre charge toutes les imperfections.

Le Traducteur.

I

De la Constitution de l'Être humain.

Les réunions dont nous inaugurons la série ce soir seront consacrées à l'étude aride et simple plutôt qu'aux effets oratoires. Notre intention est d'en faire un cours élémentaire où ceux qui désirent étudier sérieusement puissent acquérir au moins quelques notions de philosophie orientale.

Nous allons chercher à comprendre le plus brièvement possible, en ces réunions, la nature de l'homme, la place qu'il occupe dans l'univers, ce qu'est l'univers lui-même, et comment il vient à l'existence; en un mot, le comment et le pourquoi de la Vie, et son but; peut-être alors nous sera-t-il permis d'entrevoir le principe universel de l'Être.

Pour en obtenir la compréhension, il est absolument nécessaire en premier lieu de comprendre notre propre nature. Nous verrons tantôt qu'en dehors de nous-mêmes, dans l'univers, nous ne connaissons que le mouvement. La « chose en soi », comme l'appellerait Kant, nous ne pouvons la connaître par les sens. Lorsque nous analyserons les objets qui nous entourent, nous verrons qu'ils n'ont pas, en tant qu'objets, de réalité absolue. Tout ce que nous voyons n'a qu'une valeur relative, et cette valeur relative change suivant les conditions de notre perception. Voilà pourquoi nous ne pouvons espérer apprendre le principe des choses par l'intermédiaire des sens. Pour comprendre ce principe, l'homme doit se connaître lui-même ; c'est ce qu'ont senti tous les Maîtres de tous les pays. Vous connaissez certainement le vieil adage Socratique : « *Connais-toi toi-même* »; — il nous recommande simplement la connaissance approfondie de notre propre nature. Et c'est précisément dans la même intention que le grand Maître, Christ, demandait à ses disciples de chercher le Royaume de Dieu *en eux-mêmes*.

Ce n'est qu'en rentrant en nous-mêmes que nous trouverons la Vérité. Nous verrons que non seulement l'homme a en lui la correspondance corrélative de toutes les choses qui sont dans l'univers, mais qu'il contient dans son intégrité la Force cosmique elle-même. — La Force est indivisible ; le principe premier se manifeste toujours comme un Tout unique. C'est pourquoi, même en un grain de sable, vous trouverez la *totalité* de l'Énergie cosmique, quoique sous une forme obscure et profondément latente.

Mais comme le grain de sable est en dehors de notre être, du moins au sens ordinaire de ce mot, nous ne pouvons comprendre la Nature par une étude du grain de sable. — *Il n'y a qu'une chose que nous puissions étudier à fond : nous-mêmes.* Et cette chose une fois connue, nous connaissons la nature de la Force cosmique.

Voilà pourquoi je commencerai par l'analyse de la nature humaine. Je chercherai à vous conduire pas à pas jusqu'en ce sanctuaire intime qui est au cœur de chacun. Puis, quand nous aurons compris la nature de l'homme et son mode d'existence dans les diverses sphères de l'univers, nous tâcherons de saisir le principe de l'univers lui-même, en analysant les objets que nous percevons ; nous chercherons ensuite à comprendre comment toute chose vient à l'existence, ou, en langage théologique, comment tout est créé ; et pour cela, au lieu d'adopter la méthode allégorique, chère aux théologiens, nous procéderons le plus scientifiquement possible.

Nous étudierons enfin les possibilités de l'esprit humain. Nous chercherons à voir comment l'homme peut vérifier, sur terre, l'existence des réalités transcendantes ; comment en ce monde même il peut devenir un Dieu, un Christ.

Telles sont les questions que nous allons étudier une à une en commençant par l'analyse de la NATURE HUMAINE.

Personne ne peut s'empêcher de reconnaître une différence entre le corps et l'intelligence. Je ne veux pas dire que l'on doive reconnaître l'intelligence comme différant du corps par son essence. Le matérialiste, en effet, ne reconnaît pas cela ; il croit que le mental n'est pas distinct du corps. Mais lui-même doit se rendre compte de ce fait, que la *mentalité* constitue au moins un mode spécial de l'énergie, mode distinct de celui qu'on nomme énergie physique.

Voici donc en l'homme une première distinction évidente en corps et mental, ou, en termes plus usuels, corps et âme.

Or nous remarquons que le corps est sujet à des variations, à des changements perpétuels ; en sept ans environ, il se renouvelle entièrement, jusqu'à la dernière particule. Et cependant ne conserve-t-il pas son identité ? Sous le voile changeant du corps, il y a donc quelque chose de *relativement* invariable : il y a un *témoin* de ces changements.

S'il n'en était pas ainsi, nous ne percevrions point les variations de notre corps. Si notre intelligence se renouvelait comme lui, et avec la même vitesse, elle ne serait jamais consciente de ces variations. Pour connaître un mouvement, l'observateur doit être au repos ou, du moins, se mouvoir d'un mouvement différent. Cette *loi de relativité* régit tout ce que nous connaissons : on ne perçoit rien sans contraste. Le seul fait que nous sommes conscients des changements du corps implique qu'il y a, derrière le corps, quelque chose qui enregistre ces changements.

Maintenant, en plus de ces changements du corps physique, il y en a d'autres, plus subtils, qui se produisent continuellement, et auxquels d'ordinaire on ne pense pas. Ainsi, la *perception* d'un objet extérieur n'est due qu'à une succession de modifications rapides, de vibrations, en un mot, affectant l'être qui perçoit. Ces modifications sont reliées systématiquement entre elles par ce que nous appelons l'état conscient. Sans cette continuité de l'état conscient, on ne pourrait rien percevoir. Tous les faits perçus sont reliés entre eux, et conservés par la mémoire. Où se trouve cette mémoire ? Il est difficile de la concevoir localisée dans le cerveau physique. Comment se fait-il que des choses longtemps oubliées nous reviennent parfois si nettement ? Comment se fait-il que l'état d'hypnose ramène à la surface des faits oubliés depuis l'enfance ? Des cas sont connus, où le sujet s'est rappelé une langue qu'il n'avait entendue qu'une fois dans son jeune âge. Toutes ces remarques paraissent indiquer qu'il y a quelque chose au delà du corps physique, quelque chose qui enregistre les observations physiques que nous faisons ; à cet élément enregistreur nous donnerons pour l'instant le nom de « mental », en employant ce mot au sens le plus étendu.

Je n'ai pas la prétention de baser le *fait* sur de si pauvres arguments ; ce ne sont pas là pour moi des preuves. D'ailleurs, jamais on ne pourra établir définitivement une vérité avec des arguments purement extérieurs. Pour avoir la preuve absolue d'une chose, il faut la connaître par vous-mêmes. Pour savoir que vous existez indépendamment de votre corps physique, il faut pouvoir vous séparer de lui. En d'autres termes, il faut vous mettre à même de vérifier ces faits transcendants comme le physicien vérifie les phénomènes physiques dont il veut établir la loi. Et comme je me propose, à la fin de notre cours, de vous donner quelques indications à ce sujet (1), j'ap-

---

(1) Pour tous les développements qui n'ont pu trouver

porte ces brefs arguments dans le seul but de vous montrer que ce que j'avance n'est pas de la pure fantaisie, mais qu'au contraire il serait possible d'apporter de fortes raisons logiques en appui aux théories qui vont vous être exposées.

Nous pouvons donc distinguer en premier lieu le corps du mental; distinction non pas *essentielle*, mais évidente cependant au moins au même titre que celle du solide et du liquide.

Si maintenant nous nous arrêtons un instant pour analyser le Mental, nous trouverons que lui aussi subit des changements, et ne reste point stationnaire. Les passions vont et viennent, les états d'âme se succèdent, ondoyants et divers; d'année en année l'intellectualité se développe ou se voile; les pouvoirs intuitifs varient; enfin, la conscience elle-même devient plus nette par le développement de la nature humaine.

Ainsi tous les éléments du mental varient; et ces variations étant évidemment *connues*, il est nécessaire qu'il y ait, derrière le mental, quelque chose de plus stable. Et ce « quelque chose » est là en effet : c'est l'élément spirituel, dont les caractéristiques sont le sacrifice, l'amour, l'abnégation, et toutes les vertus supérieures qui distinguent essentiellement l'homme de l'animal. Ce sont ces senti-

---

leur place dans cette trop brève esquisse, nous renvoyons el lecteur aux excellents ouvrages d'Annie Besant :
L'Homme et ses Corps.
Karma.
La Sagesse Antique.
(Publications Théosophiques, 10, rue Saint-Lazare, Paris.)

ments qui nous donnent, à l'occasion, la plus grande félicité, et souvent l'homme considère ce facteur comme étant réellement « lui-même », son être véritable. Ce facteur diffère du mental aux constantes variations, comme le gaz diffère du solide et du liquide.

Si nous analysons à son tour cette nature spirituelle, nous trouvons qu'elle change aussi. La spiritualité peut croître avec le temps. On se développe dans l'abnégation, dans l'amour, en cultivant ces vertus. La grande félicité qui parfois nous envahit nous quitte l'instant d'après. Et il est clair que nous percevons ces changements : c'est pourquoi la nature spirituelle n'est pas encore le « Soi » réel de l'homme. Il y a, derrière notre nature spirituelle, quelque chose qui en perçoit les changements dans les sphères supérieures de notre être.

C'est là le « Soi » de l'homme, c'est là l'*unique témoin* qui enregistre toutes les variations de l'esprit, du mental et du corps.

Ainsi donc, le corps, le mental, l'élément spirituel et le grand « Soi » témoin de tout ce qui change : tels sont les quatre facteurs que nous fournit l'analyse immédiate de l'être humain. Le « Soi » est le *sujet* unique, dont tous les autres ne sont que les *objets*.

En regardant au dedans de vous-mêmes, vous pourrez *sentir* plus ou moins nettement l'action de ces divers facteurs. Mais le disciple sincère, et *doué des aptitudes nécessaires*, peut, par une application continue et patiente, arriver à voir et à vérifier ces choses. Il pourra séparer les uns des autres ces divers facteurs, se retranchant successivement, avec la conscience de son être, dans les principes de plus en plus élevés qui le constituent. Et je puis dire en passant que ce procédé, qui consiste à séparer successivement le « Soi » des divers autres facteurs, constitue ce qu'on nomme « l'extase ». Il est possible de laisser derrière soi le corps, pendant une durée de temps quelconque, pour amasser expérience et connaissances dans les règnes hyperphysiques de la Nature. C'est ce que fit Jésus en son jeûne de quarante jours. Seuls, ceux qui pourront en arriver là vérifieront par eux-mêmes la réalité de ce que j'avance. Pour eux ces choses cesseront d'être des probabilités logiques ou de vagues espoirs ; elles se transformeront en réalités tangibles. Malheureusement cela n'est possible qu'à un petit nombre, car il y a peu d'hommes qui aient les aptitudes voulues, et bien moins encore qui soient doués de la patience nécessaire pour les développer.

Il est étrange de s'entendre affirmer par tant de gens qu'il n'y a point d'âme. Qu'en savent-ils, en somme ? Ont-ils une autorité quelconque en la matière ? Ceux-là seuls qui font autorité ont le droit d'être aussi catégoriques dans leurs affirmations. Un avocat reconnaîtra volontiers n'avoir point d'autorité en matière médicale ; il n'a consacré à cette science ni son temps ni ses forces ; aussi la modestie s'impose-t-elle à lui comme seule attitude possible. Par contre, personne ne s'étonne d'entendre nier *a priori* l'existence de l'âme par des gens qui n'ont pas consacré aux études psychiques la millième partie du temps et de l'énergie employés à soigner leurs affaires ! Cela est tout bonnement absurde. — De grâce, mes amis, avant de nier l'âme, consacrez au moins à sa recherche la dixième partie des énergies que vous gaspillez ailleurs.

Nous pouvons maintenant pousser l'analyse un peu plus loin.

La matière de notre corps n'est pas la même que celle d'un objet inerte, c'est pourquoi on convient de la désigner sous le nom de « matière organique » (bien qu'il soit à prévoir qu'un jour la chimie doive reconnaître en toute matière l'organisation à des degrés divers). Dans notre corps, nous reconnaissons la présence de la matière dite « inorganique », mais influencée, régie par un facteur que nous appelons « vital », et qui l'organise.

Ainsi, dans notre corps physique, nous reconnaissons deux principes : la matière grossière, et la vitalité. Cette vitalité peut recevoir le nom de principe éthérique. — En analysant les corps physiques, nous trouvons une substance qui est l'éther, plus subtile que le gaz. Mais dans la matière « inorganique » cet éther n'est pas suffisamment spécialisé pour que les forces vitales auxquelles il sert de base manifestent leur action. L'éther est là, il imprègne toute matière solide, liquide ou gazeuse; mais le principe vital paraît y demeurer à l'état latent.

Lorsqu'au contraire ce principe vital est libéré de la domination des principes inférieurs de la matière, il les groupe aussitôt et les organise : alors se manifeste le *règne végétal*. — C'est ce principe vital qui est le facteur organisateur de notre corps physique. La matière éthérique spécialisée qui lui sert de base ou de « véhicule » prendra le nom de « corps éthérique (1) ». Le rapport étroit qui existe entre la matière éthérique et le principe vital s'éclairera singulièrement par une étude approfondie du magnétisme. Lorsque la science progressera, elle saura que le magnétisme n'est qu'une manifestation de la vitalité, qui peut effectivement se transmettre d'un être à d'autres êtres.

Les deux facteurs qui composent notre corps ont été nommés en sanscrit : *Sthûla Bhûta* (2) » — le corps grossier, et « *Prâna* » — la vitalité. Remarquez que ces facteurs, quoique séparables, sont des principes constituants *physiques*, et non *hyperphysiques* de notre nature. (Ils ne correspondent qu'au seul *plan physique* de l'univers.)

Le *mental*, en employant ce mot au sens le plus étendu, peut à son tour être divisé en trois éléments, tous séparables les uns des autres.

D'abord, vous savez qu'en chacun de nous il y a des passions, des émotions, des sentiments. C'est là une des phases de la vie mentale, phase qui s'étend depuis la sensation animale jusqu'aux émotions et aux sentiments les plus complexes de l'homme évolué. Cette partie de notre nature mentale est connue sous le nom de sensibilité ; son nom sanscrit est

---

(1) Généralement appelé « Double éthérique » dans les ouvrages théosophiques modernes. (Voir Annie Besant : *L'Homme et ses corps*.)

(2) Prononcez : Sthoûla Bhoûta.

« *Kâma* » — désir — et la matière, plus subtile que l'éther, servant de base à ces phénomènes (sensation, sentiments, passion, émotion) a reçu parfois dans l'Occident le nom de matière « astrale » à cause de sa luminosité propre. C'est là, en effet, le caractère essentiel qui la distingue de l'épaisse matière physique, aux yeux du voyant capable de la percevoir.

Puis, nous savons qu'il y a dans notre mental un autre facteur qui raisonne, calcule, équilibre. C'est ce que nous appelons l'intellect, ou mental intellectif. Il correspond à l'aspect inférieur du principe appelé « *Manas* » en sanscrit (latin, *Mens*) ; nous le nommerons donc *Manas inférieur*.

Au delà de ce facteur, il y en a un autre qui ne calcule pas, qui ne pèse pas le pour et le contre, qui ne discute ni ne raisonne, mais affirme : « Je sais que ceci est vrai, que cela est faux, je ne sais pas pourquoi, mais j'ai la conviction intime qu'il en est ainsi. » Ce principe là est la raison pure, ou conscience. C'est lui qui constitue l'individualité propre de l'homme ; il peut donc être appelé la conscience ou l'âme de l'homme. En sanscrit, c'est l'aspect supérieur du « Mens », ou *Manas supérieur*.

Nous trouvons donc dans la région mentale trois subdivisions :

La nature passionnelle et émotionnelle, ou sensation, *Kâma* ;

Le mental calculateur, ou intellect, *Manas inférieur* ;

Le mental affirmatif, âme ou conscience, *Manas supérieur*.

Quant à la *nature spirituelle*, elle ne peut être décomposée pour le moment. Elle comporte des divisions et subdivisions, mais qui ne peuvent être perçues que par l'homme parvenu à un état très élevé, ou, en d'autres termes, par l'Initié « en qui le Christ est né ». Il faut donc considérer la nature spirituelle comme unique.

Il en est de même du *Soi*. Le Soi a trois aspects, mais qui ne peuvent être distingués les uns des autres dans l'état actuel de l'humanité. L'Homme Parfait peut seul les connaitre et les distinguer. C'est pourquoi je n'ai donné à cette trinité qu'un nom générique, le *Mahâtmâ*, me bornant à signaler l'existence des deux aspects supérieurs du Soi. Cette trinité doit donc être actuellement prise comme unité. En langage chrétien, nous avons ici le Père, le Fils et le Saint-Esprit, ou les trois aspects de la plus haute Réalité.

Nous trouvons donc en l'homme sept facteurs :

1° Les trois aspects supérieurs, considérés comme *un*, le Soi de l'homme, le véritable et seul *sujet* en lui, l'unique témoin de toutes les modifications qu'il subit. Le mot « *Mahâtmâ* », grande âme, signifie le grand Soi. En littérature Théosophique on le désigne plus brièvement sous le nom de « *Atmâ* »; mais dans les plus anciens livres hindous il est appelé Mahâtmâ. Atmâ signifie ce qui touche à tout, ce qui contient tout : seul le Soi, dans l'homme, contient toutes choses ;

2° L'élément spirituel, ou « *Buddhi* » (1). — Buddhi signifie la *Sagesse*;

---

(1) Prononcez : Bouddhi.

3° L'âme, ou « *Manas* supérieur »;

4° L'intellect, ou « *Manas* inférieur ». Manas signifie, à proprement parler, un principe qui s'écoule, qui se diffuse à l'entour de nous. En langage populaire, ce terme peut être rendu par « le mental »;

5° La sensation ou « *Kâma* ». — Kâma signifie désir;

6° La vitalité. — « *Prâna* » signifie précisément vitalité, activité;

7° La matière grossière, solide, liquide et gazeuse. « *Sthûla Bhûta* » signifie transformation grossière.

En réalité, il importe peu que vous sachiez désigner ces principes par leur nom sanscrit. L'essentiel est de les reconnaître en vous-mêmes : ce sont là des faits de la Nature.

Comme je l'ai dit en commençant, il y a dans l'univers une série de principes corrélatifs, correspondant aux différents principes de la nature humaine. Ainsi :

1. L'élément physique grossier, en nous, correspond à la matière solide, liquide et gazeuse qui nous entoure. Notre principe éthérique correspond à l'éther ou principe vital universel. Les deux ensemble, matière et éther, constituent le *plan physique* de l'univers;

2. Le principe de la sensation chez nous correspond au même principe universel, l'astral, ou *plan astral*;

3. Notre principe intellectif et notre âme correspondent au principe intellectif et à l'âme de l'uni-

vers ; les deux ensemble constituent le *plan Mental* du cosmos ;

4 et 5. De même l'élément spirituel et le Soi de l'homme correspondent au *plan spirituel* ou *Buddhique*, et au *plan Nirvânique*.

Et ces plans de l'univers, de même que les facteurs de l'homme, ne sont pas superposés, mais se pénètrent (1). De même que le liquide peut pénétrer le solide, et le gaz pénétrer le liquide, de même l'éther pénètre toute matière, et s'étend bien au delà de notre atmosphère terrestre. Le principe astral, à son tour, pénètre l'éther et tout ce qui est au-dessous (en subtilité, non en position) ; — et ainsi de suite. Tous ces principes se pénétrant les uns les autres, il en résulte que l'homme *vit à la fois* dans tous les

---

(1) Le terme « plan » est donc purement conventionnel, et il est bon d'en prendre note, car en français surtout ce terme peut induire en erreur. Les « plans » de l'univers sont, si l'on veut, les différentes modalités de la « Matière » universelle, servant de base aux diverses manifestations de l'Énergie Une.

Une comparaison empruntée à Annie Besant fera mieux comprendre la chose :

Le courant électrique, entité mystérieuse dont nous ne percevons que les effets, produit des phénomènes très différents selon le milieu dans lequel il agit. Passant dans un fil plus ou moins fin, il se manifestera par de la lumière ou de la chaleur ; dans une solution saline, son passage sera marqué par la décomposition ; autour d'un barreau de fer doux, il déterminera un champ magnétique. De même la Force Une, insaisissable, agissant sur le « plan » physique, produit le phénomène physique (pesanteur, phénomène électrique, lumineux, vital, etc.) ; sur le « plan » astral, elle produit le phénomène psychique (sensation, sentiment, etc.) ; sur le « plan » mental, elle produit le phénomène mental ; sur le plan Buddhique, elle produit le phénomène spirituel

différents règnes ou plans de l'univers correspondant à ses divers principes ; et l'énumération précédente nous a montré que les *sept* principes existent en réalité sur *cinq* plans seulement de l'univers (1).

On sait que certains philosophes ont donné à l'homme le nom de « *microcosme* » ou petit univers. Ce nom est bien justifié, puisque l'homme contient en lui la matière physique du règne minéral, la vitalité du végétal, la sensation et le désir de l'animal, le simple intellect correspondant aux animaux supérieurs actuellement disparus, lien manquant entre le règne animal et le règne hominal ; et l'âme, qui seule constitue l'homme véritable, et qui est toujours au Ciel (c'est-à-dire dans le plan mental). En outre l'élément spirituel de l'homme correspond au règne angélique, à la nature de l'Initié ; enfin, le Soi, l'Unique, correspond à l'élément Parfait de l'univers, à Dieu.

(amour universel, béatitude) ; sur le « plan » Nirvânique, elle produit le Nirvâna (état d'*Être* pur, d'identité avec tout ce qui est.) Au point où nous en sommes de notre évolution, notre *conception* ne va pas plus loin, c'est-à-dire que le Nirvâna est une limite qui existe *en nous*, et non pas dans l'Universel (le Bouddhisme lui-même admet des états ultérieurs, tels que le Paranirvâna et le Mahaparanirvâna) ; et quant à notre *perception* — je parle ici des hommes ordinaires — le Nirvâna est encore pour nous ce qu'est le soleil pour l'aveugle. C'est pourquoi les Orientalistes prétendent avec un semblant de raison, que le Nirvâna équivaut à l'annihilation.

N. D. T.

(1) Certains de ces plans cosmiques ont été appelés, en langage théologique, Ciel, Purgatoire, Enfer. Le « Purgatoire » est une partie du plan astral ; le Ciel est le plan mental de l'univers.

Ainsi l'homme synthétise en lui l'univers.

C'est pourquoi l'étude de l'homme ouvre la voie à l'étude du cosmos. Lorsque vous connaîtrez la nature de l'homme dans ses différents aspects et ses différentes phases, vous connaîtrez aussi les sphères correspondantes de l'univers, sphères auxquelles appartiennent ces facteurs de l'homme. Arrivant enfin aux principes les plus élevés, lorsque vous aurez découvert les deux aspects supérieurs du Soi, vous connaîtrez aussi deux nouveaux plans de l'univers, plans dont il suffit de signaler l'existence, car ces hauteurs sont inaccessibles à l'actuelle pensée humaine. Alors vous saurez qu'il y a réellement sept règnes dans l'univers. Les Divinités qui président à ces sept règnes sont les « sept Esprits entourant le trône », dont parle l'*Apocalypse*. Bornons-nous pour l'instant à reconnaître que les sept facteurs déterminés par l'analyse psychologique de la nature humaine existent sur cinq plans seulement de l'univers (1).

J'aurais encore bien des choses à dire, mais il est impossible, en ces quelques leçons, de donner autre chose qu'une vague esquisse, un ensemble général de cette vaste philosophie. Les détails sont entièrement sacrifiés.

---

(1) Pour l'étude plus détaillée de la constitution humaine, voir Annie Besant : *L'Homme et ses Corps*.

II

De la durée relative des principes constituant l'Homme.

Nous avons vu que les sept principes de l'homme existent sur cinq plans seulement de l'univers. Il suit de là que les sept principes que nous avons énumérés se réduisent à cinq principes essentiels. Le septénaire essentiel se complète par l'addition de deux facteurs correspondant aux deux premiers plans du cosmos, et inconnaissables, comme eux, pour l'homme actuel. Je les mentionne ici parce qu'il est bon de savoir que la théologie indoue tient parfaitement compte de ces facteurs. Leurs noms sont *Avyakta* et *Purusha* (1). Ils se manifestent par *Atmâ*, qui est donc essentiellement une *Trinité*, trinité impossible à analyser, puisque Atmâ lui-même nous apparaît comme l'*Unité* parfaite. Cette *tri-unité* est vraiment pour nous un « mystère ».

Je dois maintenant vous dire quelques mots de

---

(1) Prononcez : Pourousha.

l'action et des modifications de ces principes dans le temps et dans l'espace.

En commençant par le haut, nous trouvons que le *Parfait* (Atmâ) sous ses trois aspects est le seul principe en nous qui soit éternel. L'élément spirituel n'est pas éternel; il est néanmoins incomparablement plus durable que les principes suivants. Et ainsi de suite, descendant de degré en degré jusqu'au corps physique, nous trouvons des principes dont la vie est de plus en plus courte.

Nous comprendrons mieux ceci en réfléchissant au mode de transmission des vibrations en général. Même dans le monde purement physique, nous trouvons que les vibrations les plus subtiles sont aussi les plus persistantes, et que leur sphère d'action est plus étendue. Cette analogie nous montre comment il peut se faire que les principes de l'homme, qui sont, eux aussi, des modes du mouvement (1), suivent la même loi. Les principes supérieurs, qui échappent aux sens physiques, survivent à la disparition du corps physique, telles les vibrations subtiles d'une corde musicale, qui persistent alors que le son principal a longtemps cessé d'être perceptible. Ceci, bien entendu, n'est qu'une comparaison, et non une preuve. La seule preuve réelle est l'expérience personnelle, la vérification individuelle par ceux qui sont capables de percevoir. Les autres doivent se contenter de probabilités logiques, corroborées par le témoignage de Ceux qui savent.

Ainsi notre corps grossier (solide, liquide et

---

(1) Voir troisième conférence.

gazeux) est le facteur le plus éphémère constituant notre être. A la mort, nous le laissons derrière nous, après en avoir séparé le double éthérique. En fait, la mort n'est pas autre chose que cette séparation du corps grossier d'avec le double éthérique, véhicule de la vitalité. Une extériorisation même partielle de ce « double » pendant la vie suffit à amener l'insensibilité. C'est là l'action produite par les anesthésiques. Lorsqu'on administre du chloroforme à un patient, le voyant peut observer le double éthérique partiellement refoulé hors du corps sous forme d'un nuage bleuâtre. La séparation complète entraîne inévitablement la mort : le principe vital ne peut plus agir sur l'organisme, et les forces physico-chimiques entrant librement en jeu amènent la décomposition graduelle du cadavre.

Peu après la mort (généralement moins de trois jours) le double éthérique est à son tour abandonné, comme un second cadavre. Il est inerte, et flotte dans le voisinage du cadavre grossier. Il se dissipe d'ailleurs au fur et à mesure que ce dernier se décompose. La vision du « fantôme » éthérique n'est pas fort difficile, car un peu de surexcitation nerveuse, produite par la peur, suffit parfois à rendre visibles les formes éthériques. Mais si le corps subit la crémation, selon la coutume indoue, le double éthérique se désagrège immédiatement.

Laissant derrière lui ces deux enveloppes extérieures, l'homme conserve tout le reste. Point de changement dans sa personnalité véritable : la mort ne l'atteint pas. Il est aussi vivant, plus vivant même, que vous et moi, seulement il ne peut pas se rendre sensible à nous parce qu'il n'a plus d'enveloppe physique. Il existe en une forme plus subtile, que l'homme ordinaire ne perçoit point. Cette forme n'en est pas moins réelle, aussi réelle que les vibrations infra-rouges et ultra-violettes du spectre solaire, invisibles à notre œil de chair. Ceux que nous appelons nos morts existent donc sous forme de vibrations plus subtiles. Nous ne pouvons répondre à ces vibrations, c'est pourquoi leur présence nous échappe. De même que l'éther pénètre, invisible, tout l'univers physique, de même les formes plus subtiles traversent, sans les affecter, les formes grossières de ce bas monde, seul perceptible à nos organes habituels.

Le premier phénomène qui se produit en l'homme, après l'abandon de sa double enveloppe physique, c'est la réorganisation de son corps astral, ou principe de la sensation, qui devra lui servir de véhicule dans le nouveau milieu qu'il habite. Il sera retenu plus ou moins longtemps dans ce monde astral, selon la force plus ou moins grande de sa nature passionnelle. Si sa vie entière a été consacrée à assouvir ses passions, alors son séjour sera très long dans cette région, qui correspond au purgatoire des chrétiens. Car le corps astral est tissé de la substance même des émotions et des passions, et si pendant la vie nous travaillons à fortifier ce corps, il sera pour nous, après la mort, une enveloppe longue et durable, une solide prison aux murs épais. Mais toute chose périssable a une fin, et tôt ou tard l'homme quitte son enveloppe astrale. La purification subie, les mauvaises émotions vécues et rejetées, il passe (1) dans le royaume suivant, dans le plan mental ou *monde céleste*, n'emportant avec lui, de sa nature astrale, que les tendances ou germes latents dont le développement, lors de son retour au plan astral, déterminera la composition du corps astral de sa nouvelle incarnation (2).

Ici encore, son séjour sera long ou bref, selon ce qu'a été sa vie sur terre. Si sa vie intellectuelle a été puissante ; s'il a pensé beaucoup et noblement ; s'il a cultivé les sentiments les plus élevés de la nature humaine ; s'il s'est consacré à l'étude, à la science, à l'art, à la littérature ; enfin et surtout s'il a mené une vie d'abnégation, il survivra très longtemps dans cette région du « Manas inférieur ». C'est là que ceux d'entre nous, vivants, qui savent s'élever au-dessus des sens physiques, peuvent entendre Beethoven emplir l'espace des flots sonores de son inspiration ; c'est là que nous pouvons percevoir l'ineffable harmonie des sphères, et entrer en rapport avec les anges ; c'est là que nous pouvons vider jusqu'à satiété la coupe de la connaissance. Mais ici je dois vous dire une chose que peut-être vous ne croirez point, bien que ce soit une vérité de la Nature : dans ces mondes invisibles, nous ne pouvons rien commencer (3). Telle est la caracté-

---

(1) Remarquons qu'il s'agit de changements *d'état*, et non de changements de *lieu*, au sens où l'on entend d'ordinaire ce mot.

(2) Le stade astral (ou purgatoriel) de l'évolution posthume reçoit en sanscrit le nom de *Kâma-loka* (séjour du désir) ; l'état céleste qui lui succède est appelé *Déva-loka* (séjour des dieux) ou *Dévachan* (pron. Dévakhan.)

(3) Au point où nous en sommes de notre évolution (par « nous » j'entends l'homme ordinaire.)

ristique des deux plans supérieurs au nôtre. Toute notre vie dans ces régions n'est que la continuation, le développement de notre vie terrestre. C'est pourquoi il est sage de commencer à vivre noblement dès cette vie même, sans attendre l'au-delà. Il est triste de voir beaucoup de gens, qui ne sont pas activement mauvais, passer leur temps à des vétilles. Les lois de l'association subsistent après la mort comme avant, et il est fort à craindre que les mêmes vétilles, les mêmes puérilités, ne continuent d'absorber ces malheureux pendant leur longue vie purgatorielle. Et qu'on ne se figure pas qu'il suffit d'un instant de prière pour gagner le ciel! L'univers est gouverné par une loi d'absolue justice, la loi de causalité. Il n'est rien d'arbitraire. Le ciel et l'enfer (1) ne peuvent être que les conséquences naturelles de l'observation des lois ou de leur violation. Soyez donc prudents et travaillez, puisqu'ici-bas vous êtes libres de vous déterminer ; ne risquez pas d'être liés, plus tard, par les chaînes que vous forge votre propre négligence.

Ainsi donc l'homme passe dans le plan astral, puis dans le plan mental ou céleste. Je vous rappelle une fois encore qu'il s'agit réellement ici d'un changement *d'état*, non d'un changement *de lieu*. Ce que j'appelle le monde céleste existe partout, pénètre tout, comme l'éther, et mieux que lui. En un mot, l'homme récolte en partie, dans ces divers *états*, ce

---

(1) Il va sans dire qu'il n'est pas question ici d'un enfer « éternel », mais seulement des souffrances terribles, quoique limitées, qui attendent l'âme perverse dans les régions inférieures du monde astral.

qu'il a semé à l'*état* d'être terrestre physique. Et lorsque la période céleste est terminée, il quitte ce dernier état comme il a quitté les autres. Il rejette donc tour à tour quatre cadavres.

Ce processus occupe un temps assez long, une période de 1000 à 1500 de nos années terrestres en moyenne (1). Puis arrive pour l'homme l'époque d'une nouvelle incarnation. La question de la Réincarnation sera traitée plus tard, et nous verrons que cette doctrine, qui paraît si étrange à la plupart d'entre vous, n'est que l'application d'une loi universelle. Pour l'instant, je veux seulement vous montrer qu'à la mort, l'homme perd successivement ses quatre principes inférieurs, et que, lorsqu'il va renaître, il part du plan de l'âme, ou « corps causal ».

Quand vient le temps de la renaissance, il attire autour de lui une nouvelle enveloppe du plan du Manas inférieur. Puis, de proche en proche, son activité atteint le plan astral, et il se revêt d'un nouveau corps astral, qui servira à l'expression de sa nature sensible. Enfin l'enveloppe éthérique et le corps grossier sont formés pour lui dans le sein de la mère (2).

---

(1) Chez l'homme suffisamment évolué de l'époque actuelle. Comme toutes les moyennes, cette période est éminemment élastique.

(2) On voit ici que le Soi, l'Être, se manifeste à travers une série de véhicules, ou « corps », qu'il emprunte à la « matière » des différents « plans » de l'univers. (Cette « matière » elle-même n'est, en quelque sorte, qu'un *mouvement* plus primitif, une manifestation moins complexe de l'activité divine ou universelle. Voyez ch. III : tout revient

Ainsi les formes subtiles de l'homme naissent les premières, et sont les dernières à disparaître ; plus les principes sont subtils, plus ils sont durables. Nous allons voir qu'en outre leur sphère d'action s'étend plus loin. En effet, le clairvoyant voit autour de tout homme un halo de forme ovoïde, et vous retrouvez ce halo dans la « gloire » qui entoure les Vierges et les Christs des artistes primitifs. Rappelons ici les expériences de Reichenbach qui a cherché à établir expérimentalement l'existence des effluves humains ; bien d'autres expériences furent faites depuis. L'*Aura* (tel est le nom que nous donnons à ce halo subtil) n'est que l'extension des principes plus élevés en dehors du corps physique, qu'ils

---

au mouvement ; et ch. VII : l'univers est un ensemble d'activités se modifiant spontanément et mutuellement.) Ce sont ces *corps* qui sont plus ou moins durables. On pourrait réserver le terme « principe », au mode spécial d'activité du *Soi* dans l'un ou l'autre de ses véhicules. (Voir note sur les « Plans ».) On pourrait donc, semble-t-il, établir une classification de ce genre :

PÔLE SPIRITUEL DE L'ÊTRE

Plan Nirvânique. (1)	*Atma-Le Soi.*	
(Véhicule.)		(Activité ou principe.)
Plan Buddhique. (2)	Corps spirituel.	Buddhi, Béatitude, Amour.
Plan Mental. { (3)	Corps causal.	Manas sup., Raison pure, Conscience, Âme humaine.
{ (4)	Corps mental.	Manas inf., Intellect.
Plan Astral (5)	Corps astral.	Kâma, Désir, passion, etc.
Plan Physique { (6)	Corps éthérique.	Prâna, Vitalité, organisation.
{ (7)	Matière grossière, Sthûla-Bhûta, groupée et maintenue grâce à Prâna.	

PÔLE MATÉRIEL DE L'ÊTRE

L'échelle de l'Être est comprise *pour nous* entre ces deux pôles, qui sont les limites extrêmes de notre conception actuelle, et rien de plus.

N. D. T.

entourent, pour le clairvoyant, d'un nimbe brillant et coloré. Les principes subtils sont donc plus étendus, fait que des arguments métaphysiques viennent aussi corroborer, arguments sur lesquels je passe faute de temps, et ne voulant pas être trop ardu pour mes auditeurs.

Enfin quelques mots sur la mémoire, et son fonctionnement dans les divers principes humains, trouvent ici leur place indiquée. Vous avez bien compris, je pense, que les quatre principes inférieurs sont renouvelés à chaque incarnation, les trois supérieurs, Atmâ, Buddhi, Manas supérieur, subsistant seuls. Or je vous ai fait remarquer l'autre jour que nous pouvions souvent nous rappeler, grâce à un certain effort, des faits oubliés de notre enfance. De même pour le sujet hypnotisé qui se souvient de faits totalement oubliés. Ceci tendrait à nous montrer que la mémoire n'existe pas dans le cerveau seul ; qu'elle subsiste en des vibrations plus subtiles, et que si le cerveau ne peut répondre à ces vibrations, c'est-à-dire les percevoir, nous souvenir est impossible; que s'il les perçoit, au contraire, les faits du passé nous reviennent. Or vous vous rappelez que les principes supérieurs durent plus longtemps. Vous comprendrez également que tout ce que nous apprenons dans le cours d'une incarnation, nous le retenons dans l'un ou l'autre de nos principes constituants, suivant la nature de la chose apprise. Puis, à un moment où notre cerveau physique est absolument tranquille, réceptif, ces vibrations subtiles de la mémoire hyperphysique parviennent à l'affecter, et c'est ainsi que nous nous souvenons des choses du passé. Ces souvenirs, ces pensées, existent dans la partie supérieure de notre nature, mais notre cerveau, dans son état habituel, ne peut y répondre. Paralysez l'activité cérébrale au moyen de l'hypnotisme, et établissez d'une autre manière la communication avec l'Ego : vous verrez qu'en cet état l'individu vous dira beaucoup de choses que son cerveau, à l'état de veille, ignorait totalement. Et ceci simplement parce que les formes subtiles sont plus durables que les formes grossières.

L'homme rejette donc tour à tour le corps, la vitalité, la sensation, l'intellect même, et toute la partie de la mémoire qui correspond à ces principes est perdue. Mais le Manas supérieur, le corps causal, conserve l'empreinte de toutes les activités qui parviennent à l'affecter. Et puisque ce corps survit intact à travers toute la série des incarnations, si vous parvenez à établir un lien entre lui et le cerveau matériel, vous pourrez vous souvenir de vos existences successives. Comment ce lien peut être établi, c'est ce que nous verrons dans la partie pratique de notre étude. Rappelons-nous seulement que l'âme, le Manas supérieur, n'oublie jamais.

III

De l'Analyse des Choses.

LOIS FONDAMENTALES DE LA MANIFESTATION. — LA LOI D'ALTERNANCE. — L'EFFET NE MODIFIE PAS LA CAUSE UNIVERSELLE. — CETTE CAUSE PREMIÈRE EST INTELLIGENTE. — L'UNIVERS CONSIDÉRÉ COMME L'IDÉATION DIVINE. — AUTRES POINTS DE VUE.

La connaissance de soi-même, nous l'avons vu, est le commencement de toute sagesse. C'est pourquoi, après avoir d'abord analysé l'homme, nous pouvons passer maintenant à l'analyse des objets extérieurs qui l'entourent. Nous devrons ici, comme toujours, nous borner aux généralités, faute de temps.

Jetons un coup d'œil autour de nous dans le monde extérieur : si nous considérons un objet quelconque, physique ou hyperphysique, nous verrons que nous n'en connaissons rien qui ne soit un effet du mouvement sur nous.

Pour nous en rendre compte, prenons un objet, cette admirable fleur, par exemple. Qu'est-ce donc que cette fleur ?

Ce que nous appelons « fleur » n'est qu'un arrangement, une agglomération d'un certain nombre de qualités : couleur, odeur, douceur, contact, fraîcheur, poids, etc... ; à tous ces *effets* groupés ensemble nous donnons le nom de « fleur ». Or l'analyse nous montrera que chacune des sensations ainsi groupées est le produit d'un mouvement. En premier lieu, ce que vous appelez « couleur » n'est que l'*effet* des vibrations agissant sur votre rétine. Ces vibrations sont transmises par le nerf optique au cerveau, et du cerveau à la nature hyperphysique ou astrale (vous savez maintenant ce que j'entends par ce mot). De l'astral, la transmission se fait au mental, et alors vous voyez l'objet. C'est donc cette action subtile sur la rétine, action transmise au nerf, au cerveau, à l'astral, enfin au mental, c'est ce simple petit *effet* qui vous donne la notion de la couleur. Votre couleur n'est donc pas ma couleur. Les vibrations sont les mêmes ; elles affectent la rétine de votre œil, et celle du mien ; mais l'effet produit sur vous n'est pas identique à l'effet produit sur moi. Chaque homme voit sa couleur ; c'est par convention que nous leur donnons le même nom. Vous dites que cela est blanc, moi aussi, mais cela ne prouve pas que la sensation que nous convenons de nommer ainsi soit la même pour nous deux.

Passons à l'odeur ; même raisonnement : l'odeur n'est que l'effet d'une vibration agissant sur le nerf olfactif. L'action se transmet comme dans le cas précédent. De même pour le goût : ce que vous appelez « goût » n'est que l'effet d'un mouvement vibratoire sur les extrémités nerveuses de la langue.

Ce raisonnement s'applique à toutes nos sensations, même hyperphysiques. Pour le clairaudient, cette fleur parle ; bien plus, elle est musicale, car c'est l'effet d'une vibration musicale qui lui donne sa forme. Ceux qui ont lu l'ouvrage de Mme Watts savent comment elle a pu produire, au moyen de notes musicales, des formes de fougères et de fleurs admirables. Ces expériences, et d'autres encore, tendent à montrer que les formes, dans la nature, résultent de vibrations rythmiques. C'est ce que les Maîtres de tout temps ont enseigné. Ainsi la musique même de cette fleur, si vous pouviez l'entendre, serait encore l'effet d'une vibration sur vous.

La résistance au contact n'est que l'effet d'un état vibratoire résultant des deux tendances contraires universellement présentes dans la nature manifestée : tendance au rapprochement et à l'éloignement, attraction et répulsion, force centripète et force centrifuge. Ces deux forces, en relations variables, produisent les divers états de la matière. Lorsque l'attraction domine, vous avez des corps plus durs ; lorsque la force expansive prend le dessus, vous avez une substance de moins en moins compacte. Le solide se réduit à l'état liquide, le liquide devient gaz. Plus loin encore, nous trouvons les états éthériques de la matière. Ainsi la dureté, la mollesse, ne sont que la résultante de deux forces : attraction et répulsion.

Si vous percevez le poids de la fleur, ce « poids » n'est encore que l'effet de votre opposition au rapprochement de la fleur et de la Terre. L'enfant même apprend que l'atome attire l'atome, et que la Terre attire tout vers son centre. Les étoiles attirent la Terre, et la Terre attire les étoiles, comme elle attire ce qui est à sa propre surface : tendance continuelle des choses à s'embrasser mutuellement, comme par amour. Cette attraction cosmique universelle est ce que vous appelez : la Gravitation. Enfin la douceur au toucher, comme la rugosité son contraire, n'est encore qu'une disposition particulière des molécules, due à la nature de la matière, à sa consistance. Et nous avons vu que cette consistance procède de l'attraction et de la répulsion, ou du mouvement passif et actif.

Ainsi, en analysant cette fleur, vous voyez qu'elle ne se compose que d'un ensemble d'*effets*. « Mais, objecterez-vous, il y a pourtant là des *atomes*, des molécules attirées, repoussées, groupées d'une certaine manière, et qui forment la fleur. » — Je crains que votre raisonnement ne soit en réalité bien illusoire. Quelqu'un de vous a-t-il vu un atome ? J'entends l'atome du physicien, car celui du chimiste est encore un composé. Supposons que vous puissiez percevoir un véritable atome : vous le percevrez fatalement sous forme de couleur, de contact, enfin d'une *qualité* déterminée. Or vous avez vu que toutes ces qualités sont les résultats du mouvement, rien de plus. Mais où donc est votre atome ? — Dans le rêve du physicien. Tout disparaît dans le *mouvement*. Ceux qui n'ont jamais concentré leur attention sur ces questions ne comprendront évidemment pas ; mais qu'ils suivent cette indication, qu'ils réfléchissent, et alors ils verront quelle profonde vérité il y a dans cette assertion, que l'univers, en tant qu'objet de notre perception, est *mouvement*, et rien que *mouvement* (1).

Tel a été l'enseignement de tous les grands Maîtres du temps passé. *Les objets, en tant qu'objets, n'ont qu'une existence toute relative : relative à la conscience que nous en avons.*

Cet exemple suffira, je le pense; en suivant le même raisonnement, vous pouvez vous convaincre que tout objet se range sous la même loi.

Ce *mouvement* universel une fois admis, nous pouvons faire un pas de plus. Le mouvement est toujours produit par une *force* ; et cette force, nous ne pouvons en avoir conscience qu'en nous-même, et nulle part ailleurs : tout le reste n'est qu'hypothèse. Votre propre être conscient est le seul pouvoir moteur que vous puissiez connaître réellement. Ainsi ma main se meut, et ma conscience intime me dit que c'est *moi* qui fais mouvoir cette main. Ce mouvement n'est pas produit par lui-même, mais par *moi*. Voilà la seule vraie notion du mouvement produit par la force. De cette notion intime, vous prétendez induire la nature de la force qui produit les autres mouvements, les objets de votre connaissance; et là, vous risquez des hypothèses gratuites. Ainsi, lorsque je vous parle, vous ne percevez ici qu'un ensemble de mouvements, rien de plus. Mes cordes vocales se meuvent, et produisent des vibrations qui vous affectent. Des particules (qui ne sont elles-mêmes que mouvement) vibrent, et modifient

---

(1) Se reporter quelques pages plus loin, à une note sur l'analyse de la « matière ».

les rayons lumineux envoyés sur la rétine de votre œil; celle-ci est affectée, vous voyez une couleur, une forme; de là vous induisez qu'il y a quelque chose derrière ce mouvement et vous dites qu'il y a là un orateur. Pure hypothèse. L'idée qu'il doit y avoir une force produisant ces mouvements vient simplement de la notion que *vos mouvements sont produits par vous*. C'est la seule chose que vous sachiez réellement. Mais puisque vous ne connaissez que ce seul cas, quelle raison avez-vous de conclure que la force qui est derrière cette masse de mouvements (que vous nommez: l'orateur) est différente de celle qui est derrière cette autre masse de mouvements (que vous êtes convenu d'appeler: une lampe)? Aucune. Et de fait, c'est une seule et même Force, qui, sous des lois différentes, produit des effets différents (1). Nous pourrions vous en montrer la raison par une discussion approfondie des lois de l'espace et du temps. Mais je crains que ce sujet ne soit trop abstrait pour la majorité de mes auditeurs; c'est pourquoi je dois m'abstenir. Je me contenterai de mentionner que tout le mouvement de l'univers est produit par une Force Unique. Ainsi dans l'univers nous trouvons un aspect absolu et un aspect relatif; le relatif, c'est le mouvement; et l'absolu, c'est la Force. La Force est la seule Cause de l'univers; le mouvement en est l'effet, le résultat. Cette Force a été appelée Dieu par quelques-uns. Les Indous l'appellent Brahma. D'autres lui ont donné des noms différents; mais les noms importent peu. La vérité

---

(1) Voir cinq pages plus loin: troisième loi.

dont il nous faut pénétrer, c'est que cette seule Force produit tout ; *cette Force unique devient toutes choses sans cesser d'être Elle-même.*

Pour vous aider à comprendre ceci, nous parlerons brièvement des *lois fondamentales de la manifestation universelle.*

I. La première de ces lois est l'universelle *loi d'alternance.* Rien dans l'univers ne progresse en ligne droite continue. Toute chose avance jusqu'à un certain point, puis recule ; un nouveau mouvement de progrès porte plus loin que le précédent, et ainsi de suite (selon une courbe sinueuse, ou mieux, hélicoïdale). Il y a des jours et des nuits, non seulement dans la vie de l'homme et de l'animal, mais en toute chose. Partout le repos et l'activité alternent. L'univers lui-même ne fait pas exception à cette loi, l'univers lui-même doit subir des phases d'action et d'inertie. Pendant la période d'activité, la grande Cause Première produit l'univers ; pendant la période de repos, cet univers retourne à la Cause première d'où il est issu : il se dissout. Et lorsque survient la période de manifestation suivante, un nouvel univers se construit *selon la résultante des précédents.* Ainsi la création se continue sans cesse, elle n'a ni commencement ni fin. Un univers particulier, comme le nôtre, a son commencement et sa fin ; mais cet univers est le fruit d'un univers précédent, et de sa graine naîtra l'univers futur, et ainsi de suite indéfiniment. Et par univers, j'entends désigner ici non seulement un système solaire particulier, mais la totalité de ce qui est manifesté. Cet univers total lui-même a un commencement et une fin, comme tous les systèmes plus restreints qu'il renferme. Toutes les histoires de la création que vous lisez dans les livres saints ne sont, pour la plupart, que des récits poétiques et allégoriques, et leur symbolisme est souvent des plus obscurs. Ces récits font généralement allusion à la formation d'un univers particulier ; mais la création, en elle-même, c'est-à-dire la série des univers consécutifs, n'a ni commencement ni fin.

Ces alternances indéfinies ont été appelées, dans l'Inde, les jours et les nuits de Brahma, la Divinité suprême. On leur a aussi donné le nom d'inspir et d'expir de la Divinité. L'expir produit la manifestation, l'inspir engendre l'absorption, et le processus entier s'appelle « *Kalpa* », c'est-à-dire : un cycle. Le mot *Kalpa* signifie littéralement *Imagination*, et ce terme s'applique à l'évolution de l'univers parce que l'univers lui-même n'est que l'idéation divine ; mais ceci deviendra plus clair par la suite. Pour l'intant, la première idée à bien saisir est celle du Kalpa, ou cycle d'alternance universelle.

II. Voici maintenant la deuxième idée sur laquelle je veux insister : — La manifestation universelle se produit suivant une loi que nous appelons « *Vivartha* », c'est-à-dire que la cause demeure identique à elle-même tout en produisant son effet. En d'autres termes, l'effet ne modifie pas la cause qui le produit. Telle est la loi de la *manifestation*, par opposition à celle de la transformation. La production du fromage au moyen du lait est un cas ordinaire de transformation : le lait ne subsiste pas en tant que lait. Pour nous faire une idée de la *manifestation*, considérons par exemple un charbon ardent, fixons-le à un fil de fer, et faisons-le tourner rapidement. Nous verrons un cercle. Ce cercle existe dans notre conscience ; il est produit par le morceau de charbon sans que ce dernier ait subi la moindre modification. Le charbon produit un cercle, mais reste lui-même un point. Ceci nous donne une idée du *Vivartha*, procédé de manifestation de l'univers. Toutes choses sont produites par Dieu, qui est tout entier en tout ce qui existe, et reste cependant Dieu, l'Immuable, toujours identique à Lui-même, unique sous l'infinie diversité de ses manifestations, comme le charbon unique en tous les points du cercle.

Prenez maintenant ce premier cercle comme unité, et faites-le tourner autour d'un nouveau centre. Vous obtiendrez une nouvelle figure plus complexe, entièrement due à ce charbon unique. La cause première est restée identique, et cependant vous avez sous les yeux deux manifestations d'ordre différent. De proche en proche, avec ce seul charbon, vous remplirez l'espace infini. Le processus cosmique est analogue à cela, bien qu'aucune comparaison ne puisse le rendre réellement concevable.

Dans l'univers entier il n'y a rien que Dieu seul, présent, en tout point, dans sa plénitude. Ainsi se manifeste l'univers, Dieu, la Cause Première, restant toujours Lui-même, et produisant néanmoins son effet, sa manifestation.

Le nom sanscrit donné à ce procédé : « *Vivartha* », signifie réellement : mouvement tourbillonnaire il n'est pas sans rapport avec le latin : « *vortex* » ;

tourbillon. Votre science moderne, elle aussi, vous dira que l'univers que vous percevez est formé de tourbillons de mouvement, tourbillons s'attirant ou se repoussant mutuellement, ce qu'implique le sanscrit, où toute chose qui existe est « *Vivartha* ». L'idée hindoue et l'hypothèse moderne sont donc parfaitement d'accord, et la vision astrale suffisamment entraînée (1) permet de décomposer la matière physique en ses éléments constituants par l'observation directe, et de vérifier expérimentalement, bien qu'à un degré encore élémentaire, la loi du tourbillonnement universel (2).

Telle est donc la seconde loi qui se rapporte au processus de l'évolution universelle. L'univers est « Vivartha », mouvement tourbillonnaire, où la cause reste identique à elle-même tout en produisant son effet.

---

(1) Tout comme les sens du corps physique, les sens hyperphysiques de l'homme ont besoin d'une éducation systématique.

(2) On nous dit qu'une fois amenée à l'état gazeux, la matière physique se décompose en passant à travers trois états éthériques de plus en plus subtils (Éthers IV, III, II), pour se résoudre finalement en une masse d'atomes identiques entre eux (Éther atomique ou Éther I). Nous avons là l'*atome physique* proprement dit, substratum commun de tout le « plan » physique. Se combinant avec lui-même en des mouvements divers, de plus en plus complexes, cet atome détermine les sept états (4 éthers et 3 grossiers) ou « sous plans » du « plan » physique, et forme toute la variété des atomes chimiques, ou éléments, qui se combinent à leur tour entre eux pour former des composés.

Or l'ultime atome physique, ainsi défini, n'est, lui-même, qu'un *tourbillon de substance astrale*.

Après passage à travers sept états ou « sous-plans » as-

III. Nous obtiendrons la troisième loi de la manifestation cosmique en adoptant un point de vue tout différent. Nous allons voir que tous ces mouvements universels, ces tourbillons, ne sont pas autre chose, en définitive, que des pensées, des tendances mentales. Pour comprendre clairement ceci, reportons-nous plus haut, à l'analyse des objets.

J'ai dit que dans l'univers nous ne percevons que le mouvement, et qu'en un seul cas nous *connaissons* réellement la force : en nous-mêmes. Partout ailleurs, nous ne pouvons qu'émettre des hypothèses sur sa nature. Eh bien, quelle hypothèse devons-nous faire par rapport à la Cause Première, qui nous occupe en ce moment ? Cette Force est-elle intelligente, ou non ? — La seule réponse logique est que la force étant intelligente *en nous* (c'est-à-dire *dans le seul cas où elle nous soit connue*), nous n'avons pas le droit d'affirmer qu'elle est inintelligente partout ailleurs. Et de fait, selon Ceux qui savent, la Cause première est intelligente. Voici la différence

---

traux, nous arrivons à l'ultime atome astral, analogue, dans son plan, à l'atome physique, et substratum de toute la « matière » du « plan » astral.

Cet atome n'est qu'un tourbillon de substance mentale.

L'atome mental n'est qu'un tourbillon de substance buddhique.

L'atome buddhique n'est qu'un tourbillon de substance nirvânique.

Et... notre conception, pour le moment, ne va pas plus loin.

Voyez un article d'Annie Besant sur « la Chimie Occulte » dans la Revue anglaise « *Lucifer* », nov. 1895. Cet article a été traduit dans la Revue Théosophique Française (*Le Lotus Bleu*), février 1796.

N. D. T.

essentielle entre le matérialisme et l'idéalisme. Le matérialisme (monisme) affirme que tout vient d'une cause unique, et que cette cause est inintelligente ; au contraire l'idéalisme Védantin affirme que la Cause Première est intelligente, qu'elle est Dieu, le Principe Divin. L'indou ne cherchera évidemment pas querelle au matérialiste ; au contraire, nous sommes tout prêt à lui serrer la main. « Tout est bien pour vous, mon cher frère, puisque votre hypothèse vous convient. Mais...... avez-vous des preuves à l'appui de votre assertion ? L'avez-vous vérifiée ? Si vous ne l'avez pas fait, pourquoi vous offusquer ? pourquoi nous en vouloir ? Vous n'avez qu'une hypothèse sans vérification possible ; tandis que nous, nous vous indiquons une méthode par laquelle vous pourrez vérifier vous-même nos assertions, si toutefois vous voulez bien vous en donner la peine. Soyez donc un peu plus tolérant vis-à-vis de nous. » Et nous prendrons congé de notre ami matérialiste en lui disant, sur l'autorité de Ceux qui ont vérifié, que la Cause Première est intelligente. Nous avons vu d'ailleurs que cela est logique et rationnel, car nous ne connaissons cette force qu'en nous-mêmes, et si elle se montre intelligente en nous, pourquoi ne le serait-elle pas également ailleurs ? Ce raisonnement montre qu'il n'est pas illogique d'admettre une Cause Première intelligente. En ajoutant à cela le témoignage de Ceux qui ont vu, nous pouvons nous rallier hardiment à cette hypothèse.

Mais alors, si la Cause Première est intelligente, que sont donc tous les mouvements qu'elle engendre, sinon l'expression de ses désirs, de ses pensées, de ses idées ? Voilà pourquoi j'ai dit que l'univers n'est que l'Idéation Divine.

Ceci nous donnera la clef de l'Évolution tout entière. A ce point de vue, nous pouvons considérer le processus universel comme un développement psychologique, intelligent et conscient, où Dieu produit toute chose en restant identique à lui-même. C'est ce point de vue psychologique qu'adoptèrent Bouddha et d'autres Maîtres de l'Inde (1).

Mais la création peut aussi être considérée à d'autres points de vue, le point de vue musical, par exemple. Les mouvement engendrés par l'Être créateur sont des vibrations rythmiques, perceptibles, pour qui peut les percevoir, sous forme de sons musicaux. L'univers n'est alors qu'une immense harmonie, œuvre du divin compositeur; un orchestre grandiose conduit par Dieu lui-même. Tout est produit par des vibrations rythmiques, et comme je l'ai dit plus haut, des expériences modernes sont venues corroborer ce fait sur le plan physique lui-même (2).

L'Univers est donc une grandiose symphonie, selon l'enseignement antique, et ceux qui savent déchirer le voile des sens physiques connaissent

---

(1) C'est à ce point de vue que l'Évolution universelle sera étudiée dans les chapitres suivants.

(2) Il est établi, en effet, que les vibrations musicales produisent toutes sortes de formes harmonieuses, rendues visibles au moyen d'une poudre ténue en suspension dans l'air. Ces formes ont ainsi pu être photographiées.

l'ineffable « Harmonie des Sphères » dont il est parlé dans le Songe de Scipion (1). L'évangile de Saint Jean ne nous parle-t-il pas du *Verbe* divin « par qui tout a été fait » ? — La grande Parole, le *Logos*, c'est aussi la Grande Idée, le *Son* primordial. Car nous avons déjà vu qu'Idée et Son ne font qu'un. La « profération du Verbe » devient pour nous un fait réel, je dirai même scientifique : c'est la *création de l'univers par le Son*.

En nous plaçant à un autre point de vue, au point de vue *chromatique*, nous pouvons considérer l'univers comme une admirable harmonie de couleurs. La couleur n'est que l'effet du mouvement sur l'être qui le perçoit par un organe particulier. Il est possible de voir des couleurs là où l'homme n'en voit généralement pas. Lorsque l'on fait de la musique, l'homme ordinaire ne voit rien, il n'entend que des sons ; mais le clairvoyant voit aussi des couleurs, c'est-à-dire que son œil, comme son oreille, peut répondre à ces vibrations. Il percevra aussi les vibrations de l'infra-rouge et de l'ultra-violet. Ainsi la création, *Idéation divine*, ou *vibration rythmique du Verbe* peut encore être considérée au point de vue *couleur, ou lumière*. La chose est la même, le point de vue seul diffère. Quelques philosophes dans l'Inde ont adopté ce dernier point de vue.

Du point de vue *lumière* découle tout naturellement l'aspect *géométrique* de l'univers, et la considération de l'évolution comme un processus *mathé-*

---

(1) Se reporter aux « grandes vagues » dont parle C. W. Leadbeater dans son ouvrage sur *le Plan Dévachanique*.

matique. Car les couleurs se disposent en formes et en figures. Vous ne pouvez percevoir la couleur que sous certaines formes dans l'espace ; et dans l'univers, ces formes sont régulières et géométriques. Les cristaux en sont un exemple, et le flocon de neige, dans son admirable régularité, n'est qu'un détail reflétant l'harmonie du Tout.

Puis, les figures géométriques peuvent être réduites en nombres, d'où l'aspect arithmétique de l'univers. Ce procédé de réduction était constamment employé par les philosophes grecs. Mais pour eux la conception géométrique du cosmos était essentielle, d'où l'inscription qui se lisait au fronton de leurs Écoles : « Nul n'entre ici s'il ne connaît la géométrie. » Pour comprendre leur philosophie, une connaissance approfondie de la géométrie était nécessaire. D'ailleurs, qui n'a pas entendu parler des cinq polyèdres réguliers, appelés couramment les « solides platoniciens », au moyen desquels l'École Platonicienne expliquait la genèse cosmique (1) ?

Tels sont, en somme, les différents points de vue auxquels on peut considérer la formation de l'univers. Nous avons cherché à vous faire comprendre que la chose est la même, et que les points de vue seuls diffèrent.

---

(1) Signalons ici trois ouvrages de M. Soria, jeune auteur espagnol, traitant de la théorie géométrique de l'univers ; ouvrages qui sans être nécessairement exacts quant aux détails n'en sont pas moins d'un intérêt capital, même au point de vue purement scientifique.

IV

Du processus de la manifestation universelle.

Dans ma dernière conférence, je vous ai exposé les lois fondamentales qui sont à la base de toute manifestation. La Cause Première, avons-nous dit, reste identique à elle-même tout en produisant son effet. Ce soir, nous chercherons à voir *comment* ce Principe unique et immuable engendre la multiplicité de l'univers manifesté. En d'autres termes, nous tâcherons de comprendre le *processus de l'évolution cosmique*. Nous avons vu que la Cause Première est la seule Réalité absolue, dont toutes choses perceptibles ne sont que les manifestations, ombres passagères et fugaces de la Lumière Unique. L'objet de notre présente causerie sera de voir comment cet « Un » se manifeste dans le temps et dans l'espace ; car l'évolution n'est pas autre chose que cette manifestation du Principe unique dans le temps et dans l'espace. Il faut donc, avant d'aller plus loin, voir ce que signifient ces deux termes « temps » et « espace », car ce sont là deux notions qui peuvent nous induire en des illusions grandes.

Sachons reconnaître dès le début, que le temps et l'espace ne sont que des modes de notre connaissance. Les termes sanscrits donnent immédiatement la clé de leur signification :

Temps, « Kalaha » signifie : action de compter.

Espace, « Deshaha » signifie : action d'indiquer.

Il suit de là que le temps, en sanscrit, indique la *succession* selon laquelle nous prenons connaissance des objets, et que l'espace désigne la *direction* dans laquelle nous les percevons. Le temps et l'espace, comme réalité absolue, n'existent pas : ils ne sont que des modes de notre perception des faits. Par « temps » j'entends le passé, le présent, l'avenir ou anticipation, c'est-à-dire trois aspects de notre connaissance des faits. Par « espace », j'entends toujours l'idée : « ici, là, dans cette direction-ci, dans cette direction-là ». Et nous verrons immédiatement que ces notions varient selon l'être qui perçoit ; ce qui est passé pour l'un peut être présent pour l'autre ; ce qui est « ici » pour moi peut être « là-bas » pour vous.

Prenons par exemple le soleil. En le suivant des yeux dans son mouvement apparent, vous lui assignez des positions différentes aux différentes heures du jour, et vous désignez par le mot « là » les directions successives dans lesquelles vous l'apercevez. Mais si vous étiez dans le soleil, ne serait-il pas pour vous, toujours « ici » ? Pour nous, terriens, la terre est toujours « ici » ; ne serait-elle pas « là » dans ses positions successives par rapport à l'habitant d'une autre planète ? Ce qui est « ici » pour l'un est donc « là » pour l'autre.

De même pour le temps. S'il fait nuit, nous disons que maintenant le soleil n'est plus ; il est couché. Nous l'avons vu pendant le jour, puis nous avons cessé de le voir. Mais les habitants du soleil le percevront comme étant toujours « maintenant » ; pour eux le soleil ne sera jamais une chose du passé. Ainsi le présent, le passé, l'avenir, comme la position ou la direction d'un objet, ne sont pas des « choses en soi » ; ce ne sont que des *modalités de notre connaissance*. En réalité, comme nous l'avons vu, il n'y a dans l'univers qu'un Principe unique, qui nous apparaît sous des aspects différents dans le temps et dans l'espace.

Une figure bien simple vous montrera clairement la chose. Traçons plusieurs cercles concentriques. Le point central représentera le Principe, ou l'*Idéation Divine*. Si un être se trouve en (O), au centre, c'est-à-dire que sa soi-conscience est identifiée avec la Conscience Divine, alors il perçoit simultanément l'image de l'univers entier ; il n'y a pour lui ni direction ni succession, ni espace ni temps ; tout est « ici » et « maintenant ». Supposons ensuite qu'un être manifesté prenne position en un point (A) du premier cercle. De là, il verra, dans une direction déterminée, une certaine portion du panorama de l'Idéation Divine. S'il change de position, qu'il vienne en un second point (B) du cercle, il verra, dans une nouvelle direction, une autre portion de l'Idéation Divine. Et non seulement le changement de direction lui donnera l'idée d'espace, mais il deviendra également conscient du temps : il se rendra compte de ce fait, qu'*après* avoir perçu un certain ensemble d'objets il en perçoit *maintenant* d'autres. Ainsi cet être prend connaissance de l'Idéation Divine, non plus simultanément, mais en succession. Dans une troisième position (C) il percevra une nouvelle portion de l'univers dans une nouvelle direction, et ainsi de suite. Supposez qu'avec le temps il achève de parcourir son cercle ; qu'aura-t-il vu ? — Rien d'autre que le globe central, le panorama de l'Idée Divine ; voilà tout ce que l'être aura vu après sa révolution. Or la Divinité qui est au centre ne voit rien d'autre, elle non plus ; mais elle voit tout cela en une fois, sans direction ni succession. C'est pourquoi la même Idée, que l'entité évoluante perçoit comme un *cercle*, est connue comme un *point* par l'Être central. Le cercle et le point sont identiques : ils sont *la même idée*, perçue sous des conditions différentes.

Supposons maintenant qu'un autre être parcoure le deuxième cercle, plus éloigné du centre. Lui aussi voit le point central *successivement*, en des *directions* différentes. Sa révolution finie, il a également pris conscience de ce qui est représenté dans le globe central. Mais supposons que ce deuxième être se meuve avec la même vitesse que le premier. Son cercle étant plus grand, il mettra plus de temps à le parcourir, c'est-à-dire que pour lui, la perception totale de l'Idée centrale exige un temps plus long. Cependant, en fin de compte, la connaissance de ces deux êtres est identique, puisque tous deux voient la même chose. Et puisque la même *succession* d'objets a eu lieu pour l'un et pour l'autre, ils auront la même notion du temps écoulé, alors que pour nous qui les observons, ce temps peut être très différent de l'un à l'autre (1).

De même, un troisième observateur, sur le cercle le plus extérieur, aura une révolution d'immense durée relativement à celle de l'être voisin du centre ; et malgré cela, son orbite parcourue, il aura vu exactement la même chose, l'Idée centrale, mais sous forme d'un cercle immense. Ce cercle est donc, comme les autres cercles, exactement équivalent au point central. Ainsi de suite, indéfiniment : l'orbite infinie, l'éternité pour la parcourir, tout cela revient au même. L'Éternel et l'Infini sont identiques à un point de l'espace et du temps. Encore une fois, le psychologue et le mathématicien aboutissent aux mêmes conclusions.

Telle est donc l'idée essentielle que nous devons nous faire du cosmos manifesté : un point central unique, duquel tout émane, et que *nous* percevons réellement en succession. Les analogies physiques viennent appuyer cette conception, car toutes les lois de la Nature sont uniformes en leur principe ; ce qui est vrai pour un atome est vrai aussi pour un univers, les conditions seules diffèrent. Ainsi, dans notre système solaire, nous trouvons le soleil central autour duquel tournent les planètes. Leur année

---

(1) C'est ainsi qu'il nous arrive de parcourir en rêve, dans l'espace de quelques minutes, une série d'événements dont la réalisation sur notre plan physique exigerait des années. Comme nous n'avons idée du temps que par la *succession* des faits, nous nous éveillons avec l'impression nette de longues années vécues.

n'est que le temps employé pour accomplir une révolution complète autour du soleil. Ce temps est *essentiellement* identique pour toutes, puisqu'il est constitué par la succession des mêmes phases ; mais si nous prenons un terme de comparaison, l'année terrestre par exemple, nous voyons combien il varie selon les *conditions* (distance) dans lesquelles l'orbite est parcourue.

Un détail essentiel qu'il ne faut pas oublier, c'est que plus l'être est éloigné du Principe central, plus la perception qu'il en a est indistincte et confuse. Les planètes très éloignées du soleil n'en perçoivent qu'un vague reflet ; de même nous, sur ce plan physique, nous ne voyons que les ombres et les images confuses du Réel, tant nous sommes loin du Soleil central de la Vérité Spirituelle.

Si vous saisissez bien l'idée générale du temps et de l'espace, vous comprendrez plus facilement le processus de l'évolution, processus que nous vous exposerons d'abord au point de vue psychologique. Ce point de vue est à la fois le plus facile et le meilleur, car il s'agit ici de la Réalité Unique, *consciente*, qui Se manifeste Elle-même.

Mais avant toute autre chose, il faut bien vous pénétrer de cette idée, que *la création* n'a en réalité ni commencement ni fin. Tous les univers naissent et meurent tour à tour ; le nôtre ne fait pas exception à la loi. Mais il fut précédé d'un autre univers dont il est le fruit, et en se dissolvant il fournira le germe d'un univers futur. Celui-là sera à son tour la cause d'un nouvel univers, et ainsi de suite, de proche en proche, à travers la double éternité du passé et de l'avenir. Ce sont choses invérifiables pour nous; mais Ceux qui sont parvenus dans leur évolution à des altitudes inconcevables pour nous, peuvent parler de ces choses comme étant par eux connues. Leur témoignage est corroboré par l'universelle *loi d'alternance* que nous avons étudiée. Tout ce que nous connaissons est soumis à cette loi d'activité et de repos périodiques ; pourquoi l'univers lui-même y ferait-il exception ?

Ce processus cyclique de l'univers est appelé « *Kalpa* », ce qui signifie : *imagination*. Le terme est fort juste, car l'univers est vraiment l'imagination de Dieu ; n'avons-nous pas vu d'ailleurs, dans l'analyse des objets, que tout n'est qu'images et idées (1) ?

Passons maintenant à l'exposé du processus créateur. Supposons l'univers manifesté. Lorsque vient la période de repos, le Principe cesse d'imaginer, de créer des idées, les forces en jeu dans le cosmos se neutralisent progressivement ; finalement l'univers se dissout. Dans le langage figuré du sanscrit, « Brahmâ s'endort ». Pendant son profond sommeil tout est calme, immobile, passif ; rien n'existe. La nuit universelle règne seule jusqu'au réveil de Brahmâ.

Je dois faire remarquer ici que le Principe a deux *aspects* :

1° *Brahman* (neutre) est l'Absolu, sans attribut,

---

(1) Le kalpa comprend un cycle complet, ou une période d'activité et une période de repos consécutives, ou encore, un *Manvantara* et un *Pralaya*.

sans relations, sans aucun rapport concevable avec l'univers manifesté;

2° *Brahmâ* (masculin) est le Principe *premier*, produisant l'univers, et par conséquent en rapport avec lui.

Brahman est vraiment l'Ineffable, Ce dont rien ne peut être dit; *Brahmâ* c'est Dieu, l'unique et premier Principe de l'univers. Par le fait même que Brahmâ est le premier, il ne peut être l'Absolu, car « premier » est un attribut, qui désigne le premier terme d'une série, et implique des rapports avec les termes suivants.

L'Absolu n'est donc jamais mentionné. Lorsqu'on demande au philosophe indou d'en parler, il répond simplement : « pas cela ! pas cela ! (1) » niant tout attribut, niant tout prédicat. L'Absolu est ineffable, au delà de toute pensée manifestée.

Cette définition (ou mieux, cette *indéfinition*) de Brahman conduit parfois l'esprit occidental à objecter que puisqu'on ne lui attribue aucun prédicat, Brahman ne doit pas exister. Mais le philosophe indou niera même cet attribut de la non-existence. Le silence seul peut exprimer l'Absolu.

Laissant donc de côté l'Absolu, nous commençons notre description par le Premier Principe, Brahmâ, à l'éveil duquel l'univers entre en manifestation.

Voici l'ordre de la manifestation Divine :

---

(1) La kabbale hébraïque cherche à exprimer la même idée, lorsqu'elle appelle l'Absolu : « Aïn Soph », *ce qui existe négativement*.

N. D. T.

1. *Brahmâ* : le Seigneur, la Loi, ou l'Être, « *Sat* », le Réel.
2. *Avidyâ* : le Non-Être, l'Irréel.
3. *Mahat* : le Verbe, l'Idéation (3e Logos).

Nous plaçons Brahman au-dessus de la ligne, parce que rien ne peut en être dit. Puis Brahmâ, le Réel, ou *Sat*, Premier Principe d'où viennent toutes choses. (Il est essentiel de nous rappeler ici que Brahman et Brahmâ ne sont que deux aspects d'une seule et même chose : entre eux, aucune différence d'*essence*, pas plus qu'entre le cercle engendré par le charbon ardent, et le charbon lui-même. Souvenez-vous de la Loi : La Cause reste identique à elle-même tout en produisant l'effet.)

Brahmâ s'éveille donc à l'aube du Kalpa ; et à son éveil, la première pensée qui se présente au Seigneur est : « Rien n'existe ! » Sans penser encore à Lui-même, il jette pour ainsi dire un premier regard autour de Lui et murmure : « Rien !... » C'est là une loi psychologique. Si vous veniez à vous éveiller subitement au milieu d'un désert, votre attention se porterait immédiatement sur la vacuité du désert. Cette phase pourrait ne durer qu'une fraction de seconde, mais n'en serait pas moins réelle. Et cette même loi, sous une forme différente, incompréhensible pour nous, agit sur l'Esprit Divin à son réveil : « ce qui est en haut est analogue à ce qui est en bas ».

Le Premier Principe se trouve donc en rapport avec cette notion : « Rien n'existe », notion équivalente au *Non-Être*. Lui-même est l'*Être, Sat*. Ainsi, au deuxième degré de l'Évolution se produit l'opposition, le contraste entre l'Être et le Non-Être. Voici donc le binaire, le + et le —, le masculin et le féminin. Peu importent les termes employés, la dualité est là. Ce rapport de l'Être au Non-Être est indispensable à toute manifestation, quelle qu'elle soit. En toutes choses, même sur le plan physique, vous trouverez ce rapport ; partout deux éléments, deux polarités, + et —, positif et négatif. Le commencement de cette dualité partout manifestée est ici, au second degré de la manifestation Divine.

Donc, la dualité ou binaire, *Sat-Avidyâ* (1), telle est la deuxième phase de l'Être.

Passons à la troisième phase. En quoi consistera-t-elle ? Vous vous en rendrez facilement compte en suivant la loi psychologique générale. Je cherche à appliquer ici cette loi pour vous montrer que l'indou ne croit à rien de surnaturel ou de miraculeux, c'est-à-dire à rien qui soit au-dessus de *toute* loi. Les termes « miraculeux » et « surnaturel », ne se trouvent pas dans le vocabulaire du philosophe. La loi psychologique va donc nous éclairer. Si nous remarquons que l'Être a vécu, qu'il a *produit* et *connu* un univers dans les âges passés, et qu'à présent il

---

(1) *Avidyâ* est la forme nominale d'un verbe qui signifie : *n'existe pas*, et en même temps : *n'est pas connu*. « *Vidyate* » signifie à la fois, *existe*, et *est connu*. Cette digression philologique peut ne pas vous intéresser, mais si vous la comprenez, vous reconnaîtrez que *connaître* et *être* sont des termes convertibles. Les vibrations existent, mais seule la *connaissance* que vous en avez constitue pour vous l'*être* de l'objet perçu.

médite sur cette idée : « Rien n'existe ! », il est évident que son prochain mouvement sera le retour au *souvenir* des choses passées, la résurrection, dans sa Divine Pensée, de l'univers disparu. Supposez que vous vous endormiez au sein d'une grande cité, riche et glorieuse, pleine de vie et de mouvement; puis, que pendant votre sommeil la cité disparaisse pour faire place à un morne désert. Votre première pensée, au réveil, sera pour le néant qui vous entoure : « Rien n'existe ! » et naturellement votre pensée suivante se reportera sur ce qui existait naguère autour de vous. De même pour la Divinité qui réfléchit au non-être de l'univers. Cette pensée éveille en elle le souvenir du passé. Et cette mémoire du passé est appelée « *Mahat* », le grand, ce qui n'a pas de fin. Or, tout étudiant de la philosophie indoue sait que d'autre part *Mahat* signifie *Idéation*. *Mahat*, l'archétype de l'univers présent, n'est donc que le souvenir des univers passés. Dans les Pouranas, il est appelé « *Sesha* », « les restes du passé », ou encore « *Ananta* », « les restes sans fin du passé ». Vous voyez ici la cause de la variété qui se manifeste dans l'univers. La question de savoir comment l'Un produit la diversité, pourquoi l'Unique engendre toute la multiplicité des formes, cette question présuppose que l'univers actuel est la première création, et qu'il y eut un temps où aucune création n'avait existé. Et l'on se dit que si cet univers est parti de l'Unique, il doit y avoir quelque cause à cette diversité omniprésente. Mais si nous concevons que la série des univers n'a ni commencement ni fin, nous comprendrons que la variété de l'univers actuel résulte de la variété des univers passés, et que le germe de la diversité est apporté, d'un Kalpa à l'autre, par le souvenir du passé, appelé *Mahat*.

Ces trois principes : *Brahmâ*, *Sat-Avidyâ* et *Mahat*, sont la triple manifestation de l'Unique. Dans la littérature Théosophique, on leur a donné le nom de : Premier, Deuxième et Troisième Logos. Ce terme *Logos*, ou Verbe, est emprunté à la littérature grecque. On le retrouve dans le quatrième évangile : « Dans le principe était le Verbe... » Ces trois *Logoi* (1), ou ces trois personnes de la Trinité, selon la théologie chrétienne, apparaissent donc, dans la philosophie indoue, sous la forme que je viens d'exposer. A part les noms et la forme, point de différence entre les deux conceptions. La trinité est donc une idée hautement philosophique, non pas, évidemment, sous la forme crue que lui donne l'Église devenue ignorante, mais sous sa forme métaphysique et rationnelle. Dans l'Ancien Testament, vous trouverez presque la même chose : « Et le souffle de Dieu se mouvait sur la face de l'Abîme *des Eaux* ». Vous comprendrez facilement que l'abîme correspond à *Avidyâ*, ou au Non-Être. Dans beaucoup d'autres symbolismes, ce deuxième principe a été également appelé : les Eaux. Dans les Pouranas nous le retrouvons sous le nom de *Karanava* : *l'eau de toutes causes*.

Je ne puis entrer dans la comparaison des divers systèmes, mais vous verrez que la même idée se

---

(1) Prononcez évidemment *Logoï*.

retrouve dans tous, sous des formes différentes. Toute la difficulté consiste à voir à quel point de vue les diverses religions se sont placées (point de vue psychologique, mathématique, etc.). Ce point de vue une fois déterminé, tout le reste suivra rigoureusement. La Trinité égyptienne, comme vous le savez, se compose de : Osiris, Isis et Horus. La Trinité chrétienne primitive consistait en : Père, Mère et Fils. Dans la philosophie indoue, Brahmâ est le Père, Avidyâ (féminin) la Mère, et Mahat le Fils. C'est le principe féminin qui est la base virtuelle de toute manifestation (1). Vous trouverez ces trois principes en tout. La nature du troisième est surtout manifeste ; pour autant qu'une chose est une chose, elle le doit à ce troisième principe. Car c'est lui qui donne l'Idée, et l'Idée seule rend la chose réellement possible.

Nota. — Les deux principes supérieurs à Atmâ, dans l'Homme, principes que nous nous sommes abstenus de nommer dans la première conférence,

---

(1) C'est ce principe féminin qui donne naissance à l'univers. C'est lui qui conserve, réunit toutes choses. La société n'existerait pas sans la Femme, qui la maintient unie. Partout vous trouverez que le principe féminin est à la fois le plus fort et le plus tendre. Il agit, sans bruit, mais continûment. Il sait souffrir et rester silencieux. Voyez même sur le plan physique : l'homme qui souffre clame sa douleur dans les rues ; mais pénétrez au foyer, et vous verrez que c'est la femme qui pâtit le plus, sans dire mot. Mais malheur à ceux par qui elle souffre : « Les Dieux n'acceptent pas leur offrande au foyer où la femme n'est pas vénérée », a dit Manou.

correspondent à *Brahmâ* et *Avidyâ*. On peut aussi les nommer *Purusha* et *Avyakta* (ou *Prakriti*). *Atmâ* correspond à *Mahat*. Mais en nous, la distinction entre *Purusha*, *Avyakta*, et *Atmâ* est actuellement impossible. Ils sont bien les « trois en un et un en trois » dont parle le symbole. En somme, pour nous, *Atmâ* est une tri-unité, et peut se représenter par ∆.

V

Du processus de la manifestation universelle (suite). De la Réincarnation.

Poursuivons notre étude de l'évolution cosmique. Cette étude est très ardue, et ne peut être comprise que du petit nombre. Aussi passerons-nous rapidement, en n'indiquant que les principales étapes du processus créateur. Nous avons vu qu'en laissant de côté l'Absolu, la Divinité se manifeste sous trois aspects : *Sat*, l'Être ; *Avidyâ*, le Non-Être (ou mieux, la dualité de l'Être et du Non-Être) ; et *Mahat*, l'Idéation, renaissance de la mémoire du passé. Ce troisième principe *manifeste* la Trinité, et peut être considéré comme synthétisant en lui l'Être, le Non-Être, et ce qui résulte de leur mutuelle réaction.

Remarquez que l'Être n'a pas encore pensé à soi. Sa conscience s'est, pour ainsi dire, portée tout entière à l'extérieur. La première pensée : « Rien n'est », induit la deuxième : « Cela était ». Le fil de l'association une fois renoué par le souvenir du passé, l'attention de l'Être se réfléchit enfin sur lui-même, et sa troisième pensée jaillit : « C'est *moi* qui *étais* alors, et qui *suis* maintenant ». L'idée « je suis » est donc provoquée par le rappel des existences passées ; et ce « je suis » est appelé « *Ahankâra* », la soi-conscience de l'Être universel, ou littéralement : « le principe construisant le *je* ».

La loi qui se manifeste ici peut encore être observée chez les enfants. Tous ceux qui ont étudié la psychologie des enfants savent comment chez eux la soi-conscience, d'abord latente, est évoluée. En premier lieu, l'enfant perçoit les objets extérieurs à cause de leur action sur ses sens ; il reporte sur lui-même cette conscience des objets, et alors seulement la soi-conscience se révèle. Un processus similaire s'observe chez le Grand Être de l'univers. La loi d'analogie universelle trouve encore son application.

Lors donc que ce grand « Ego » s'éveille, il se distingue lui-même des souvenirs qu'il percevait. Les idées qui ont provoqué cette soi-conscience ou *Ahankâra*, se présentent maintenant à elle comme étant *son* contenu, comme étant *ses objets*. Ainsi se produit le cinquième principe, ou cinquième plan de l'univers. On le nomme *Tanmatra*, ou encore, *Manas*. (*Ahankâra* est aussi appelé *Buddhi*). Voilà comment les cinq premiers plans de l'Évolution cosmique procèdent successivement l'un de l'autre.

Remarquons que *Manas* n'est en quelque sorte que l'inversion de *Mahat* par rapport à *Ahankâra*. Nous avons donc :

1. *Sat*,   L'Être.
2. *Sat-Avidyâ*.   Être-Non-Être (+, —).
3. *Mahat*.   L'Idéation.

4. *Ahankâra.*   La Soi-Conscience.
5. *Manas.*   L'Objectivité.

Après avoir produit la soi-conscience, *Mahat* en devient l'objet, et prend le nom de *Manas*.

Cette objectivité peut, me semble-t-il, être considérée comme correspondant, en un certain sens, à la Vierge-Mère du symbolisme chrétien. Cette idée de la Vierge et de l'Immaculée-conception est au fond très philosophique; mais ici comme partout ailleurs, la clef des symboles religieux une fois perdue, leur interprétation, dégénérant de plus en plus aux mains du dogmatisme ignorant, ne tarda pas à se matérialiser complètement. L'idée de la Vierge-immaculée était connue bien avant le Christ. Dans les Upanishads, la production de ce principe-mère est expliquée par la division d'*Ahankâra* en deux : le sujet et l'objet. Puis la partie objective est mentionnée comme étant « la *grande Épouse* qui remplit l'espace entier » signifiant ainsi la substance cosmique, la matière vierge. Cette matière objective est ensuite impressionnée par l'élément subjectif, par l'*Ahankâra* proprement dit, principe actif dans la nature, et le mouvement tourbillonnaire résultant engendre tous les tourbillons de l'univers. Telle est, si je ne me trompe, l'idée originelle de l'Immaculée-conception : le Saint-Esprit, le grand souffle ($\pi\nu\epsilon\upsilon\mu\alpha$), produisant le mouvement dans la matière cosmique.

Avec ces cinq principes, cinq plans de l'univers se sont manifestés. Les deux plans supérieurs, simplement indiqués d'abord, peuvent être mentionnés, par rapport à notre système solaire, comme étant les plans du *Père* et de la *Mère* (ou, à un autre point de vue, du Père et du Fils). Le troisième *Mahat*) peut être appelé le plan du *Christ parfait*. Le quatrième (*Buddhi*) correspond au *Christ enfant*, qui naît au cœur de l'homme (*Manas*). La pleine signification de ceci ne peut être comprise que de ceux qui ont étudié à fond la question. La « naissance du Christ » dans le cœur humain signifie réellement la naissance du principe Buddhique dans l'homme, qui devient alors l'*Initié*, comme distingué de l'homme ordinaire.

Nous avons maintenant le sujet et l'objet face à face. Le pas suivant est tout naturel : c'est la poursuite de l'objet (1), impliquant, dans la nature, l'évolution du principe du *désir*, « Kâma ». C'est le principe de l'émotion, de la sensation, correspondant au plan Astral, sixième plan de l'univers manifesté.

Enfin, après le *désir* vient la *possession*. Lorsque le sujet saisit l'objet et s'identifie avec lui, une créature définie est produite, une espèce est née. Elle poursuit alors son évolution en se différenciant de plus en plus grâce à la *loi des manifestations réitérées*.

C'est cette loi que je vais maintenant chercher à vous faire comprendre. Dans son sens le plus général, nous la nommerons : *Loi de remanifestation* ; appliquée spécialement à l'homme, elle devient la *Loi de la Réincarnation*.

Cette loi doit être bien comprise de quiconque veut étudier la philosophie universelle.

(1) Nous omettons bien des phases intermédiaires, pour limiter la question à une simple esquisse.

Quel que soit le point de vue auquel on se place, on trouve dans la Nature entière une continuelle tendance à la différenciation, à la subdivision. Toute chose, issue de l'Unité primordiale, se subdivise jusqu'à ce que l'extrême limite de la différenciation soit atteinte, dans l'homme individuel.

Ce processus est visible même sur le plan physique. Ceux qui s'en tiennent à la théorie des nébuleuses nous diront que tout ce que nous connaissons sur ce plan existait d'abord sous forme de nébuleuse, vaste masse homogène, brouillard flottant dans l'espace cosmique. Cette nébuleuse, au fur et à mesure de sa condensation, se différencia pour former la variété presque infinie de notre monde matériel. Tout ce que nos sens perçoivent ici-bas dérive de la substance unique de la nébuleuse primitive dont la condensation a produit le système solaire.

Mais à notre point de vue philosophique, ce qui se différencie ainsi, ce n'est pas la forme : c'est *l'idée* qui la produit et l'anime. Cette conception n'est pas facile à saisir clairement, surtout pour l'intellect occidental ; mais ici, Schopenhauer peut nous venir en aide. Rappelez-vous qu'il considère les espèces, et toutes les manifestations de la vie dans l'univers, comme animées par des idées. Même une force physique, comme la gravitation, sera pour lui l'expression d'une idée. Sa théorie des « degrés de la volonté » est assez frappante à cet égard. Il fait remonter toutes choses à ce qu'il appelle « la volonté primordiale » ; puis, cette volonté se subdivise de degré en degré, chacun de ces degrés étant en réalité une idée. Et si je ne me trompe, il dit que chacune de ces idées est le substratum d'un genre particulier de manifestation. C'est cette *idée* qui se divise et se subdivise. Elle est le substratum et, pour ainsi parler, l'*âme* (1) *commune* de l'espèce, âme dont chaque représentant de l'espèce est la manifestation plus ou moins complète. Prenons un exemple quelconque : soit un troupeau de moutons. Ce troupeau est réellement animé par une âme commune. Chaque mouton appartenant au troupeau n'a pas, comme l'homme, une âme individuelle persistante, mais la totalité du troupeau est vitalisée par une substance commune. Cette substance, cette âme, ou ce principe, se manifeste dans ce cas totalement et non partiellement dans chacun des animaux.

Encore une fois, ce processus n'est pas facile à saisir ; il est cependant possible de s'en faire une idée si l'on a compris les lois générales de la manifestation cosmique. Il s'agit en réalité de deux plans différents, de deux espaces où le nombre des dimensions diffère. Il est possible qu'une chose unique dans un espace à quatre dimensions, se manifeste sous des formes multiples, et totalement sous chacune de ces formes, dans un espace à trois dimensions. Ceux qui ont des connaissances mathématiques comprendront peut-être la chose, mais je doute qu'ils soient capables de l'expliquer.

Au point de vue psychologique, je puis essayer de

---

(1) J'emploie ici le mot *âme* faute de mieux, pour désigner simplement un *principe animateur* collectif, et non une entité intelligente comme l'âme humaine.

vous montrer, par quelques exemples, qu'une seule et même idée peut se manifester sous différentes formes, et partout totalement. Mais avant cela, je vous demanderai d'admettre, au moins provisoirement, que toute idée est une réalité tangible ; que chacune de nos pensées possède une forme particulière, et existe sur un plan qui lui est propre, et sous des lois de temps et d'espace différentes de celles qui nous sont coutumières. Si vous pouviez percevoir les objets de ce plan-là, à l'aide de la clairvoyance, vous sauriez que chaque pensée a une forme visible et tangible. Vous ne pouvez évidemment en trouver la preuve que par vous-même. En attendant, nous admettrons la chose.

Cela posé, prenons un artiste, un peintre par exemple : ce qu'il exprime sur sa toile, ce n'est pas autre chose que son idée considérée comme un tout. Supposons qu'il reproduise le même tableau un nombre quelconque de fois : la manifestation de l'idée est multipliée, mais l'idée est exprimée tout entière dans chaque reproduction.

Un autre exemple sera celui d'une mère dont le cœur est vraiment maternel. Elle a un enfant, et elle l'aime de toute son âme. Supposez qu'elle donne le jour à un deuxième enfant, et qu'elle l'aime également comme une mère sait aimer. Croyez-vous que son amour pour son premier enfant soit par là diminué ? Bien au contraire. Son amour est maintenant manifesté en deux objets au lieu d'un seul, et en chacun comme un tout complet. Multipliez le nombre des enfants, si elle est une vraie mère, elle manifestera toujours son amour comme un tout pour chacun, et sa tendresse pour son premier-né ne sera diminuée en rien. Voilà bien un principe psychologique à manifestation multiple, se révélant tout entier dans chaque manifestation.

La même idée a été exprimée par les philosophes indous au moyen d'une analogie. Placez l'un à côté de l'autre une série de vases pleins d'une eau tranquille ; le même soleil unique se reflétera tout entier dans chacun des vases. De même une âme commune unique peut se refléter comme un tout dans chaque représentant d'une espèce.

Tel est le cas du troupeau de moutons que nous considérons. Peut-être est-ce là la raison pour laquelle le Christ choisit cette image : « Je suis le bon pasteur, et vous êtes mes brebis. » Il voulait, me semble-t-il, indiquer par là que les disciples, eux aussi, ont une âme commune en Lui ; et qu'en Lui ils doivent être Un, comme les brebis en leur âme commune.

Nous comprendrons maintenant que c'est cette âme commune des choses, qui, dans l'Évolution universelle, se différencie graduellement. A l'origine, il n'y a qu'un Tout unique, et cette Unité se différencie de plus en plus, chaque âme générale se divisant et se subdivisant graduellement en âmes plus particulières.

Cette différenciation se produit *par l'action des agents extérieurs sur les formes* (1). Ainsi, prenons

---

(1) On verra que tout *être* est en même temps *vie* et *forme*. C'est la *vie* qui évolue en se différenciant ; la *forme* n'est que l'instrument momentané de cette différenciation, instrument indispensable, sans lequel *la vie ne pourrait*

une espèce végétale : elle est douée d'une vie commune, qu'on peut appeler âme végétale. Prenez quelques échantillons de l'espèce, et entourez-les de conditions entièrement différentes de celles auxquelles est soumise l'espèce-mère dans la nature. Ces conditions pourront influencer l'âme de l'espèce, en tant qu'elle est manifestée dans ces quelques échantillons, à un tel degré, que ce groupe ne pourra plus se maintenir en rapport avec le reste. Vous avez créé de la sorte une âme collective secondaire qui ne peut plus être assimilée par l'âme générale de l'espèce. En d'autres termes, vous avez formé une nouvelle espèce, évoluée de la précédente.

Nous pouvons mettre cette idée sous une autre forme, si nous nous rappelons que tout n'est que vibration. Considérez par exemple la vie d'une espèce comme étant un mode particulier de vibration. Lorsque vous choisissez quelques spécimens et que vous parvenez à les soumettre, de force, à un mode de vibration tout différent, ce groupe se trouvera séparé de l'espèce-mère, et formera la souche d'une espèce nouvelle. Ainsi *la diversité des conditions* auxquelles les espèces sont soumises, différencie constamment la vie qui est le substratum de ces espèces ; et cette

---

prendre contact avec les agents extérieurs. Dès qu'une forme a joué son rôle, elle est brisée, elle meurt ; et la vie, pour continuer son évolution, doit se manifester sous une nouvelle forme. Donc les agents extérieurs, agissant sur les *formes passagères*, produisent la différenciation, et permettent l'évolution de la *vie continue* animatrice de ces formes. (Voyez aussi *Sagesse Antique*, Ch. VII et VIII, « La Réincarnation ».)

N. D. T.

différenciation se poursuit à travers les trois règnes inférieurs, jusqu'à produire l'*homme*.

A partir de ce point, chaque être est constitué par une âme propre, ou *individualité* humaine, qui poursuit indépendamment son évolution en se manifestant à diverses reprises sous une série de formes, ou *personnalités*, de plus en plus parfaites, en rapport avec le progrès réalisé par l'*individu* (1). C'est ici l'extrême limite de la subdivision : on peut dire que *chaque homme est en lui-même une espèce*.

L'homme apparaît d'abord sous la forme sauvage, à peine supérieur à la bête, peut-être même inférieur en apparence. Dans le règne animal, il n'existait pas à l'état individuel : il participait à la vie commune d'une espèce. Grâce à des conditions spéciales, il s'est trouvé différencié, séparé du reste. Il a continué pendant un peu de temps à se remanifester comme animal séparé, puis il est apparu sous la forme humaine. Or nous spécialisons continuellement des animaux (les chiens par exemple) grâce aux conditions particulières auxquelles nous les soumettons. Ces animaux, après quelques réincarnations indépendantes, sont prêts à se manifester sous forme humaine, s'ils trouvent des organismes humains assez élémentaires pour les recevoir. Eh bien, vous serez sans doute surpris de voir qu'un chien intelligent, passant au règne humain, sera plus brutal

---

(1) L'*individualité*, ou âme humaine, n'est autre que le « *Manas supérieur* » dont il a été parlé au chapitre premier. La *personnalité* se compose des quatre principes inférieurs.

qu'auparavant. Toutes les nobles qualités du chien disparaissent chez l'homme primitif. Mais elles ne s'éclipsent que pour un temps : elles restent latentes.

Une des principales raisons de ce recul apparent, c'est que la somme d'intelligence qui suffit à la conduite d'un corps animal, est entièrement insuffisante pour la conduite du corps humain. D'où la rétrogression observée, *rétrogression qui se produit à tous les points de transition* dans l'échelle des êtres. Ainsi les plantes les plus évoluées donnent tous les signes d'une grande sensitivité ; elles acquièrent beaucoup d'expérience (comparativement), et la vie qui les anime doit passer graduellement à l'état de vie animale. Tous les savants admettent qu'il est extrêmement difficile de tracer la ligne de démarcation entre les deux règnes ; mais si vous parvenez à la tracer, vous verrez que l'animal rudimentaire est inférieur, à bien des égards, à la plante hautement développée. La raison est encore la même : la somme d'énergie qui suffit à régir harmonieusement la plante la plus évoluée, pourra tout au plus maintenir l'équilibre des fonctions chez l'animal rudimentaire. Progression et régression alternatives, telle est la loi cyclique. Elle se retrouve dans l'univers entier : elle régit au même titre l'humanité, et les individus et les nations qui la composent. Autrefois les hommes ont été plus vertueux ; maintenant ils le sont moins. Ils se retrouveront un jour plus vertueux que jamais, avec de nouvelles qualités acquises. C'est en vertu de cette même loi que la vie animale hautement évoluée se manifeste ensuite sous forme d'humanité rudimentaire et sauvage.

Je dois insister encore sur un point fondamental, déjà mentionné plus haut. Ceux qui ont vaguement entendu parler de la doctrine indoue de la Réincarnation, se figurent que, selon nous, l'homme individuel, tel qu'il est aujourd'hui, a dû exister comme animal dans le passé. Il n'en est rien : l'homme, en tant qu'individu, n'a jamais été un animal. La vie, maintenant individualisée, qui l'anime, a fait partie autrefois d'un tout commun, de la vie d'une espèce. Mais par le fait même de son individualisation, elle est sortie définitivement du règne animal. L'individualité est donc la différence essentielle entre l'homme et l'animal. Les animaux d'une même espèce agissent tous d'une manière analogue dans les mêmes circonstances, à moins qu'ils ne soient déjà en voie d'individualisation. Au contraire chaque homme agit à sa guise, et dix individus pourront être déterminés, par les mêmes circonstances, de dix façons différentes.

Mais si *nous* n'avons pas été des animaux, il n'en subsiste pas moins que *nous* avons été, individuellement, des sauvages. Quelque fiers que nous puissions être, aujourd'hui, de notre civilisation, il fut un temps où nous vivions comme des Papous quelconques, savourant sans scrupule la chair de notre légitime épouse. Depuis lors notre vie a évolué graduellement en suivant cette universelle loi de remanifestation, qui prend ici le nom de *Réincarnation*.

Je termine par quelques mots d'introduction à l'étude de la Réincarnation, étude que nous développerons dans notre prochaine réunion. Voici la loi fondamentale que nous pouvons déduire de tout ce qui précède : *Partout la forme se brise, mais l'âme ou la vie qui l'animait reparaît, ou se remanifeste, sous une autre forme. Ainsi se conserve à travers l'évolution de l'être, la continuité des expériences acquises.*

Pour le règne animal, la chose se conçoit facilement. Revenons un instant à nos moutons. Lorsqu'un mouton du troupeau meurt, la vie, ou la force qui l'animait, n'est pas détruite. Elle retourne, ou plutôt elle *reste* dans la vie commune de l'espèce, avec toutes les expériences acquises grâce à cette manifestation particulière. *Ces expériences forment les instincts de l'espèce.* Supposez qu'un grand nombre de moutons aient été enlevés par des aigles, et tués. La vie du troupeau, ou de l'espèce, a acquis cette expérience et l'a conservée. Et lorsqu'après cela cette vie se manifeste de nouveau, c'est-à-dire, lorsqu'un agneau naît, il naît avec l'instinct de l'espèce : *il craint l'aigle.* Ce n'est là que le souvenir latent d'une expérience passée, souvenir conservé par l'âme commune de l'espèce. Ainsi la forme seule peut être détruite ; la vie reparaît sous d'autres formes. La forme se brise, et la vie évolue. La mort, au sens d'une annihilation, n'est point : partout le changement, universel et continu.

Mais ce qui est *vie* à un point de vue peut être *forme* à un autre point de vue. *Toute chose, en tant que forme, disparaîtra ; en tant que force ou vie, elle continuera d'être.* Prenons comme exemple le corps humain : ici, la *forme* la plus grossière est cette matière solide, liquide, gazeuse que vous percevez. Cette forme est directement animée par une *force* qui est la vie végétative, l'élément éthérique. Cet élément éthérique est *vie* par rapport au corps grossier. Brisez la combinaison des éléments grossiers : le principe éthérique survivra. Quoique sa survie ne soit pas de longue durée, elle n'en est pas moins évidente pour le clairvoyant.

Le double éthérique est donc *vie* par rapport au corps grossier, mais il est *forme* par rapport au principe suivant : le corps astral. Le double éthérique se disperse, et l'astral survit. Lorsque l'astral se dissipe à son tour, le mental persiste comme vie, et ainsi de suite. Le même élément est à la fois *vie* et *forme*, vie de l'inférieur, et forme du supérieur. Car tout est vibration dans l'univers : aucune différence d'essence entre les principes. Ils sont vie ou forme, mâle ou femelle, positif ou négatif, selon le point de vue auquel on se place. Lorsqu'une vibration cesse, une autre, plus subtile, continue : du haut en bas de l'échelle, *la forme se brise, et la vie persiste* (1).

Telle est l'idée fondamentale sur laquelle se base la doctrine de la *Réincarnation*.

---

(1) C'est ici la clef du problème de la souffrance, qui provient toujours de ce que l'être, qui est à la fois vie et forme, identifie à tort son « moi » conscient avec la forme et non avec la vie.

On trouvera le développement de cette question, comme de presque toutes celles que nous traitons ici, dans l'admirable ouvrage d'Annie Besant : *La Sagesse Antique*. Voyez ch. X, « La Loi du Sacrifice. »)

L'original anglais a pour titre *The Ancient Wisdom*. (Londres, Theosophical Publishing Society, 3, Langham Place, W.)

VI

De la Réincarnation (*suite*).

Poursuivons l'étude de la Réincarnation.

Nous avons vu que la Vie se subdivise continuellement jusqu'à atteindre le maximum de la différenciation dans l'homme individuel, qui se manifeste d'abord à l'état sauvage. Il nous reste à voir maintenant comment cet homme sauvage se développe, et quel est le but de son long pèlerinage.

Laissez-moi d'abord vous répéter, pour bien fixer les idées, qu'aussi longtemps que le Manas supérieur, ou « *corps causal* », n'est pas évolué, il n'y a point d'homme, au sens réel du terme. Nous avons vu qu'au commencement, le Principe Divin s'enveloppe de plus en plus jusqu'à produire la matière physique, qui est son point d'extrême latence. Puis, lorsque l'élément éthérique se dévoile et devient apparent nous avons le règne végétal; le principe astral, ou *Kâma*, libéré à son tour, produit le règne animal, dans les degrés supérieurs duquel les germes de l'activité mentale (intellect, ou *Manas* inférieur) commencent enfin à se développer.

A ce moment un phénomène remarquable se produit. Lorsque deux charges électriques contraires se rapprochent graduellement l'une de l'autre, un moment vient où la résistance du milieu est vaincue; l'étincelle brille, et les deux charges se combinent. De même lorsque, dans son évolution, le pôle de la vie animale atteint son extrême limite supérieure par l'éveil du *Manas* inférieur, un couran spirituel descend du plan Buddhique, et sa conjonction avec le *Manas* inférieur produit l'étincelle, le *Manas* supérieur, ou *corps causal* de l'homme.

Lors de son apparition, le corps causal n'est pour ainsi dire qu'un germe, le germe de l'individualité, observable néanmoins pour le crairvoyant d'ordre élevé. En tout cas, l'homme primitif n'est pas conscient sur ce plan-là : son corps causal sera longtemps encore pour lui la trame invisible et inconnue sur laquelle s'enroule la série de ses existences. Lui-même reste essentiellement un animal : sa conscience travaille d'abord, entièrement dans la région astrale, le plan des désirs, des passions, de la cupidité. Il ne se meut que pour satisfaire ses besoins, et dans ses mouvements instinctifs, il vient buter à tout moment contre la nature extérieure, et en reçoit des heurts violents. Plaisirs brutaux, brutales douleurs, rien d'autre ne peut l'émouvoir. Son corps astral cherche à amoindrir les chocs, les souffrances ; il s'adapte graduellement aux réactions de l'extérieur, et c'est ainsi que le principe *kâmique* est évolué dans l'homme. Jusqu'à présent celui-ci n'a que très peu d'idées. Il se souvient à peine un jour de ce qui lui est arrivé la veille; et n'ayant presque aucune notion du passé, il ne songe guère à l'avenir.

Tant que ses appétits sont satisfaits, il ne s'inquiète pas du lendemain ; content et repu, il sommeille pesamment, ou se livre à quelque plaisir bestial. De temps à autre, la faim et la soif se font sentir, et à chaque reprise s'éveille lentement en son cerveau l'idée que, dans le passé, il a mangé, et que sa faim a été apaisée. Ce souvenir excite son activité, et il se met en quête d'aliments.

Quant au mental, il ne progresse pas vite. Deux ou trois idées, que l'homme compare entre elles, forment à peu près tout son bagage intellectuel. Une mentalité de l'ordre le plus élémentaire est ainsi évoluée en lui. Donc, en ces premiers jours, l'homme organise graduellement son corps astral et son *Manas* inférieur; son corps physique se modifie aussi, peu à peu, suivant les circonstances. Mais tout ce processus est extrêmement lent. L'homme erre à la dérive sur l'océan de la vie, sans aucune pensée rectrice, sans aucune idée définie. Comment peut-on s'attendre à ce qu'il progresse rapidement ? Toute son existence terrestre se passe à ramasser deux ou trois idées. A travers les jours et les nuits, la loi d'activité et de repos alternatifs gouverne sa vie. Puis vient un temps où la *période active* de son cycle personnel touche à sa fin, selon l'universelle loi d'alternance (1). L'heure du repos sonne, et l'homme meurt.

---

(1) Pendant la période active, le corps causal (l'homme véritable) projette ses énergies en incarnation dans les plans inférieurs. Pendant la période passive, il les retire graduellement en lui pour assimiler les *expériences* acquises, et les transmuer en *facultés* grâce auxquelles il pourra, dans l'in-

Comme vous le savez, la mort consiste en l'extraction du double éthérique. Ce dernier est à son tour laissé de côté, et l'homme reste dans l'astral, ou *Kâma-loka*, jusqu'à épuisement de ses activités sensuelles. Puis vient un temps où il passe dans un repos plus profond, où son corps astral se désagrège à son tour. Il a donc déjà laissé derrière lui trois corps. S'il a eu une pensée noble quelconque, ce qui est peu probable à ce point de son évolution, il en conserve un vague souvenir dans son *Manas* inférieur. Il est alors dans son ciel. Enfin ce *Manas*, bien rudimentaire encore, se dissipe vite, et l'homme arrive dans sa propre demeure, qui est la région du *Manas* « arûpa », ou ciel supérieur. C'est là sa place réelle comme être humain ; mais en atteignant cet état, l'homme à ses débuts est totalement inconscient. Car la conscience sur un plan quelconque dépend de l'activité déployée sur ce plan pendant la vie ; et chez l'individu dont il est ici question, cette activité, sur le plan de la pensée abstraite, est identiquement nulle. Donc l'homme primitif, n'ayant pas mis en jeu pendant sa vie les activités de son

---

carnation suivante, acquérir de nouvelles *expériences* d'ordre plus élevé. Ces expériences sont comparables aux marchandises achetées, dans son voyage, par un négociant, qui rentre ensuite chez lui pour en réaliser la valeur, et les transmuer en *or*, c'est-à-dire en *faculté* d'acquérir de nouvelles marchandises. Ainsi l'âme s'enrichit jusqu'au complet achèvement de son cycle humain. Ceci peut nous aider à comprendre comment le souvenir des incarnations précédentes subsiste, chez l'homme ordinaire, sous forme de facultés, d'innéités, etc., et non sous forme de faits distincts.

N. D. T.

Manas supérieur, est absolument inconscient sur le plan correspondant de l'univers. Dans les royaumes supérieurs du ciel, il n'est encore qu'à l'état de germe (1).

Cet état inconscient se prolonge quelque temps, puis la période active du cycle individuel revient à son heure. Quelques mouvements spontanés, quelques vibrations du corps causal se manifestent, et, agissant de proche en proche sur la substance du plan manasique inférieur, assemblent autour de l'être un nouveau corps mental. Ce nouveau *Manas* intellectif est formé selon la résultante de celui de la vie précédente, résultante conservée sous forme de *faculté* dans le corps causal après la dispersion de la substance intellectuelle. Ainsi le nouveau Manas inférieur ne sera pas, tout à coup, celui d'un grand génie : il sera tout simplement l'arbre de la graine semée dans le passé. Ces activités mentales, encore très rudimentaires, se transmettent graduellement au plan astral, ou en d'autres termes, l'activité de l'être passe du royaume de la pensée à celui

---

(1) Il faut bien se rendre compte de ce fait, que, d'une manière générale, ce qui n'est pas commencé pendant la vie ne peut être commencé après la mort. L'idée que la mort égalise toute condition, et que tous vont au repos éternel dans une demeure idéale où ils jouissent d'une égale félicité, — cette idée est tout bonnement absurde. Les croissances subites ne se trouvent point dans l'univers : « *Natura non facit saltus* ». C'est par de lentes et patientes activités que chaque partie de notre nature se développe. L'idée de la mort égalisatrice, de la « grande niveleuse » peut sembler plaisante à ceux qui passent leur vie à manger, boire et dormir. Ceux-là risquent fort d'être déçus en arrivant sur l'autre bord.

du désir, et un nouveau corps astral se forme selon les facultés résultant du corps astral précédent. Puis un moule éthérique approprié à l'individu est formé par les forces sélectives de l'univers (ou par leurs agents); ce double éthérique opère dans le sein de la mère, organise la matière grossière du corps humain, et graduellement l'Ego prend possession de ce corps par l'intermédiaire des enveloppes mânasique et astrale (1).

Mais l'être rudimentaire que nous considérons ici est encore très peu développé. En fait, c'est à peine s'il y a une différence appréciable entre une incarnation, et la suivante.

Ainsi l'homme évolue peu à peu, d'incarnation en incarnation, perfectionnant graduellement ses quatre véhicules inférieurs. Et lorsqu'il devient enfin capable d'aborder les pensées abstraites, le *Manas* supérieur, jusqu'alors à l'état de germe, commence à se développer activement sur son propre plan. Ce qui se réincarne et se perfectionne d'une vie à l'autre, c'est le corps causal, c'est-à-dire l'homme véritable, renfermant en lui *Atmâ* et *Buddhi*. Les quatre principes inférieurs sont reformés à chaque incarnation. Or ce quaternaire inférieur, c'est la *personnalité*, c'est l'homme tel que nous le

(1) L'âme de l'enfant ne prend complètement possession du corps que vers l'âge de sept ans. Au-dessous de cet âge, l'enfant vit en partie sur le plan astral. C'est pourquoi il entend et voit bien des choses que nous ne percevons pas. Mais lorsqu'il raconte ses naïves visions, les parents le gourmandent, veulent l'empêcher de « mentir », et peu à peu le pouvoir de perception dans le monde transcendant disparaît.

connaissons, et tel qu'il se connaît ordinairement lui-même. Cet homme-là ne se réincarne pas. Tom Jones, dans son complet anglais, ne se retrouvera pas tel quel dans une autre vie. Non seulement la remanifestation de son *Ego* véritable pourra avoir lieu dans un autre milieu, dans un autre pays : elle pourra même se produire dans un autre sexe. Seul le quaternaire inférieur est sexué. Le corps causal, au contraire, se manifestant, sur les plans inférieurs de l'univers, à travers une grande série de *personnalités* variables, tantôt masculines, tantôt féminines, développe en lui-même, grâce à la diversité des expériences acquises, deux classes distinctes de vertus. Toutes les vertus plus mâles, plus énergiques, le courage, la bravoure, se développent par les incarnations masculines. Les vertus plus douces, plus tendres et en même temps plus silencieuses et plus fortes sont le fruit des incarnations féminines. L'homme parfait a acquis graduellement toutes les vertus de l'homme et de la femme ; il est fort comme l'un, et tendre comme l'autre. Quiconque n'a développé en lui qu'un seul côté de la nature humaine peut être certain qu'il est encore bien loin du but (1).

Le *Manas* supérieur se modifie continuellement, il croît et se développe à travers la longue série des incarnations. L'âme humaine n'est donc pas une quantité constante ; au contraire, le processus que

---

(1) « Car au temps de la résurrection il n'y aura ni maris ni femmes, mais on sera comme sont les anges de Dieu dans le ciel. »
(Saint Mathieu, XXII, 30.)

nous décrivons a précisément pour but sa formation et sa croissance. Mais tout en se modifiant, elle conserve son *identité* et sa *continuité* à travers toutes les incarnations humaines. Elle n'est jamais dissipée, comme les quatre principes inférieurs, aussi longtemps que l'homme est homme. Mais lorsque l'être passe dans les règnes angéliques, après l'accomplissement de son cycle humain, il peut quitter et renouveler son *Manas* supérieur, comme il quitte et renouvelle déjà, en tant qu'homme, ses véhicules inférieurs.

La période qui s'écoule entre deux incarnations est très variable. Elle dépend entièrement de l'emploi que l'homme a fait de sa vie terrestre. Comme nous l'avons vu, rien ne peut être commencé après la mort : les périodes purgatorielle et céleste ne sont que l'entier épanouissement, la réalisation des énergies accumulées dans les divers principes de notre être conscient *pendant la vie*. L'homme qui n'aurait déployé aucune activité psychique ou mentale pourrait se réincarner immédiatement. Mais pour l'homme intellectuel de nos pays, la période moyenne entre la mort et la naissance sera d'environ 1500 années terrestres. Évidemment l'entité désincarnée pourra se faire une tout autre idée de ce temps, puisque les lois du temps, sur les plans hyperphysiques, diffèrent largement de celles qui nous sont coutumières. Cette moyenne est d'ailleurs fort élastique : des individus spirituellement développés (1)

---

(1) Il n'est évidemment pas question ici de l'Initié, ou du disciple déjà avancé des Maîtres de la Sagesse, qui peut,

pourront revenir après deux ou trois mille ans, tandis que des hommes médiocres s'absenteront du plan physique quelques siècles à peine. Un jeune enfant pourra se réincarner presque immédiatement après sa mort.

La durée relative des périodes astrale et céleste dépend, elle aussi, de notre vie sur terre. L'homme à la fois pervers et puissant, qui a consacré toutes ses énergies à la satisfaction de ses désirs égoïstes et de ses passions avides, sera retenu pendant une longue période dans le monde astral ; période après laquelle les quelques parcelles de bien que sa vie a renfermées pourront lui procurer un bref séjour dans le monde céleste. Tout se passe conformément aux lois de la nature, et non selon des décrets arbitraires. L'homme se retrouve, quelques heures après sa mort, identique à lui-même sauf le corps physique, ni meilleur ni pire qu'avant, avec tous ses désirs, toutes ses passions ; car ses passions subsistent sur le plan astral, et ne peuvent subsister que là, de même que son corps physique sur le plan physique. Par conséquent la nature passionnelle de cet homme l'entraînera dans les tourbillons du monde astral jusqu'à ce que toutes ses énergies animales soient neutralisées, c'est-à-dire épuisées. On conçoit facilement que chez certains individus, cela puisse exiger un temps considérable.

Cette énergie astrale épuisée, le corps astral meurt,

---

dans certaines conditions, sacrifier son « Dévachan », et se réincarner immédiatement pour le service de l'Humanité.

« Dévachan » désigne en Sanscrit l'état céleste. Prononcez : Dévakhane.)

et l'homme conserve intact le reste de sa nature. Mais comme son *Manas* a très peu fonctionné, la somme de ses énergies sur le plan mental, ou céleste, sera vite épuisée, et après une période d'inconscience où le *Manas* inférieur meurt à son tour, l'être revient vers le plan physique, prêt à une nouvelle incarnation.

Notre vie dans l'au-delà est donc entièrement déterminée par notre vie sur terre. Si par de nobles pensées nous développons hautement notre mental, et si nous purifions notre corps astral, notre stage purgatoriel sera très court, et peu de jours après la mort, nous passerons dans le monde céleste pour une longue période de félicité. En outre nous déterminons, par nos activités physiques, psychiques et mentales, la nature des germes (1) qui, transmis par le corps causal, serviront à former pour une existence prochaine notre nouveau corps mental et notre nouveau corps astral, et influeront même dans une large mesure sur le choix du corps physique qui nous sera dévolu. En sorte que dès cette vie même nous forgeons déjà, pour une existence future, les chaînes de notre esclavage ou les instruments de notre libération.

Il est donc fort utile de comprendre ces idées, ne fût-ce même que d'une manière purement intellectuelle, car cela nous permet d'orienter méthodiquement notre vie vers un but déterminé, sachant ce que nous voulons, au lieu d'aspirer vaguement vers je ne sais quel idéal imprécis et nuageux.

---

(1) Ou *Skandhas*.

La vie astrale peut être prolongée au delà de la durée normale, mais par des procédés qui ne sont guère à recommander. L'homme astral, avons-nous dit, survit jusqu'à complet épuisement des énergies passionnelles générées pendant la vie terrestre. Mais ces énergies peuvent être stimulées et nourries dans l'astral, donnant ainsi à l'homme désincarné un renouvellement presque illimité de son bail purgatoriel. Diverses causes peuvent contribuer à cet état de choses.

En premier lieu, il est à craindre que beaucoup d'entités astrales ne soient ainsi nourries par les médiums spirites. D'autres sont entretenues par les individus vicieux, inconsciemment (1) obsédés. Avez-vous remarqué que, dans les pays où existe la peine capitale, le crime augmente toujours, et ne diminue jamais. La raison en est bien simple, et quiconque peut observer s'en rendra compte. Une chose est absolument certaine : c'est que *vous ne pouvez pas tuer un homme*. Vous pouvez détruire son corps, mais l'homme subsiste. En exécutant un assassin, vous n'atteignez que son corps physique ; parfois même le double éthérique persiste, et l'individu reste dans les plus basses régions du monde invisible avec toutes ses haines et toutes ses passions. Il devient alors autrement dangereux que dans sa prison. Lorsqu'il était enfermé, il ne pouvait influencer l'humanité que par ses mauvaises pensées émises, tandis qu'à présent il est libéré, non seulement de la prison, mais de son corps physique. Avec la rapi-

---

(1) Parfois même consciemment.

dité de la pensée, il se transporte d'un lieu à l'autre, obsédant et poussant au crime ceux qui nourrissent des pensées de haine ou de vengeance. Ainsi, plus vous exterminerez de criminels, plus vous augmenterez la criminalité, sans la diminuer jamais.

Un grand nombre d'entités plus ou moins mauvaises du monde astral prennent possession des médiums, et parviennent, grâce à eux, à satisfaire dans une certaine mesure leurs désirs terrestres. Le médium est pour ces entités un point d'appui physique, leur permettant de mettre en mouvement de nouvelles quantités d'énergie dans leur corps astral. Prenez une entité astrale possédée d'un violent désir de la boisson. Faute de corps physique pour le réaliser, ce désir, selon le cours normal des choses, devrait s'éteindre graduellement après avoir, bien entendu, causé de cruelles souffrances au malheureux désincarné. Celui-ci, purifié, poursuivrait son évolution. Mais si un médium lui offre son corps comme véhicule physique, le désincarné cherchera à profiter de l'aubaine pour satisfaire son vice et calmer ses tourments salutaires ; il poussera le médium à boire, et loin de mettre fin à ses propres souffrances, il les prolongera : double calamité. Toutes les émanations du vice et du sang contribuent d'ailleurs à nourrir les entités astrales les plus perverses, qui hantent de préférence les boucheries, les abattoirs et les mauvais lieux (1).

---

(1) Toutes les régions de l'astral ne sont pas aussi déplorablement peuplées, loin de là. Les divisions supérieures de ce plan sont, au contraire, un séjour agréable, et d'une grande beauté. C'est ici le « pays d'été » dont parlent les

Une autre erreur, à laquelle on pense moins, consiste à *regretter* exagérément les morts, qui peuvent être retenus longtemps dans l'astral par les lamentations déréglées et vraiment égoïstes de ceux qu'ils ont laissés sur terre. Ce ne sont pas là de vraies preuves d'amour, car ces regrets des vivants atteignent réellement ceux qui sont partis, réveillant en eux les souvenirs terrestres, et ramenant l'attention de leur âme vers les choses matérielles. De véritables amis ne devraient pas agir ainsi, surtout dans une religion qui reconnaît un grand Maître comme le Christ. Si vos morts vont goûter le repos en Christ, pourquoi donc vouloir les ramener dans ce séjour de douleurs ? Ou bien est-ce que chez vous l'on ne croit point ? Pourquoi cet air sombre, et ces vêtements de deuil ? Le vrai croyant se réjouit de voir son ami, son frère, délivré des entraves de la vie terrestre. La loi de son être le ramènera bien assez tôt pour continuer la série de ses expériences dans ce monde matériel (1).

Il est en effet absurde de croire que l'état céleste puisse durer indéfiniment pour ceux qui n'ont pas atteint le sommet de l'évolution humaine. Avant de

---

spirites. Aucun « médium » livré à lui-même ne peut dépasser cette région, et aborder le plan mental.

(1) Par contre, il faut considérer comme un devoir sacré d'envoyer vers nos morts des pensées de calme et d'espoir, surtout aux premiers temps de trouble où ils peuvent avoir grand besoin d'appui. C'est là la véritable attitude à prendre, attitude diamétralement opposée à celle dont les dangers sont indiqués ici. A ceux qui, dans leur détresse, sont incapables de comprendre cette nuance, nous dirons : « *Priez pour eux, mais ne les pleurez pas.* »

(N. D. T.)

pouvoir vivre comme ange, il faut avoir acquis les facultés nécessaires. Or l'homme non développé n'est *même pas conscient* dans les royaumes supérieurs. Demandez à un homme ordinaire de réfléchir à une pensée abstraite : il s'endort à la minute. Sa conscience épaisse est asphyxiée par l'air des sommets. Qu'il apprenne donc à penser abstraitement, en pleine conscience, pendant sa vie terrestre : alors seulement il pourra prétendre à rester conscient, après sa mort, dans les plans mentaux.

L'homme se développe donc graduellement à travers la longue succession des vies. Mais tant qu'il n'est pas parvenu à un degré avancé de son évolution, il ne se souvient en rien de ses existences passées. L'homme intellectuellement progressé, bien qu'ignorant les détails, conserve déjà un souvenir latent et synthétique de ses expériences passées : *la voix de sa conscience* n'est pas autre chose. D'ailleurs, cette perte de mémoire d'une vie à l'autre n'a rien qui puisse nous surprendre. La mémoire dépend de l'association. Or l'association est rompue *pour les quatre principes inférieurs* après chaque mort, puisque la substance même de ces principes est dispersée. S'il suffit d'un choc au cerveau pour nous faire oublier les faits de notre vie actuelle, comment serait-il possible que les faits de nos existences passées nous soient conservés, alors que toute la partie de notre être inférieure au corps causal a été entièrement renouvelée ?

— Quant au corps causal, il subsiste, et garde le souvenir de toutes nos vies. Et le jour où nous serons parvenus à faire de ce corps causal le siège de notre activité consciente, ce souvenir nous appartiendra et nous aurons retrouvé « le fil d'or qui relie toutes les existences de l'homme ». Mais en attendant, nous ne conservons du passé que les idées générales : notre conscience est une ombre projetée par le Manas supérieur, un résultat des expériences de nos vies passées. De plus, ce que nous appelons notre caractère, notre individualité, nous-mêmes, en un mot, tout cela n'est que la résultante des incarnations antérieures. Quant aux détails, nous les retrouverons lors de l'initiation dont je viens de parler, lorsque notre Moi s'identifiera consciemment avec le Soi, avec la véritable âme humaine en nous. Alors, toutes nos incarnations nous apparaîtront comme autant de jours dans une vie unique.

Telles sont les principales remarques à faire sur la grande loi de la Réincarnation, qui régit le progrès de l'Individu humain. La croissance se poursuit lentement suivant cette loi d'alternance, jusqu'au jour où, la perfection humaine atteinte, toute nécessité de réincarnation disparaît pour l'être qui désormais est plus qu'un homme.

VII

Karma.

Nous nous sommes bornés, jusqu'ici, à passer en revue le processus de l'évolution universelle. Nous avons vu que le Principe essentiel de l'Être est Un, identique en l'homme et dans le cosmos. Nous avons énoncé l'universelle loi d'alternance, suivant laquelle toute chose progresse par une série de manifestations périodiquement renouvelées. Enfin chez l'Être individualisé, chez l'homme, nous avons observé sous le nom de Réincarnation, l'opération de cette même loi. Il nous reste à voir *pourquoi*, en vertu de quel principe, ces manifestations périodiques nous permettent de progresser. La réincarnation d'une part, l'évolution de l'autre, sont deux ordres de faits d'observation transcendante. Nous chercherons à montrer aujourd'hui quel est le lien entre ces ordres de faits, ou plutôt quelle est leur cause commune à tous deux.

Cette cause, c'est l'*action*, « *Karma* ». Car le terme sanscrit *Karma*, ou, plus correctement, *Karman*, signifie à proprement parler : *activité*, *action*. De là est dérivée sa signification de « *loi de causalité* », ou de « *séquence causale* » ; car toute cause est une action, et toute action est une cause. Un effet est forcément le résultat de quelque activité ; d'ailleurs il est lui-même actif, et, considéré à son tour comme cause, il engendre de nouveaux effets. C'est parce que la série des causes et des effets est réellement une suite d'activités s'engendrant l'une l'autre, que le processus tout entier a reçu le nom de *Karma*, ou activité. Ceux qui s'imaginent connaître la philosophie orientale entendent généralement sous ce nom une loi régissant exclusivement la destinée humaine. En réalité, le Karma est bien plus que cela : il s'étend et s'applique à la totalité de l'activité cosmique ; il régit la *création* dans son entier (1). Vous comprendrez par là qu'il est vraiment impossible à une conscience bornée de suivre la loi du Karma dans toutes ses ramifications, qui embrassent l'univers. C'est pourquoi les grands Maîtres de l'Inde, entre autres Bouddha, interdisaient à leurs disciples toute discussion ayant pour objet d'élucider complètement cette question. Selon eux le Karma était, dans son essence, chose impensable. A plus forte raison ne pourrons-nous donner ici qu'une esquisse sommaire des principes les plus généraux concernant cette loi universelle.

Le premier de ces principes est le suivant : *Toute chose existe activement ;* être et agir ne font qu'un.

---

(1) « *Karman* » et le verbe latin « *cre-are* », créer, sont tous deux dérivés de la même racine sanscrite : « *kri* », qui signifie *œuvrer*, faire.

Il n'y a pas dans le monde entier une seule substance qui ne soit active. Par exemple, ce crayon que je tiens à la main, direz-vous qu'il est passif ? Ce serait vous tromper. Sa substance peut vous sembler relativement inerte, mais cela importe peu : puisque vous le voyez, c'est qu'il modifie la lumière qui frappe votre rétine ; ce crayon est donc actif. D'ailleurs, le savant et le clairvoyant vous diront tous deux que chaque particule de la matière est en mouvement actif. Cela posé, nous pouvons diviser les objets en activités simples et complexes, en considérant, par exemple, comme activité simple l'ultime atome physique (1). Nous pouvons ensuite concevoir une pluralité de ces atomes ou tourbillons simples, reliés entre eux par une loi, et formant une unité composée. Une combinaison de ces unités donnera un nouveau centre d'activité, plus complexe encore. Le corp humain peut nous servir d'exemple : chaque cellule pourra être considérée conventionnellement, comme activité simple ; un certain nombre de cellules groupées forment un organe, nouvelle unité composée, et un certain nombre d'organes réunis suivant une loi déterminée forment le corps de l'homme. Ce dernier peut à son tour être pris comme unité : poussant plus loin la synthèse, nous aurons la nation, la race, l'humanité ; une série d'*unités* de plus en plus complexes englobant finalement l'univers entier.

---

(1) Ceci ne peut évidemment être qu'une convention, car nous avons vu, en traitant de l'analyse des objets, que l'ultime atome physique n'est qu'un mouvement de la subs-

Toute chose dans l'univers est donc activité relativement simple ou complexe; le cosmos est un vaste ensemble de ces activités, ensemble méthodique, harmonieux, ordonné.

Le second principe dont j'ai à vous entretenir est le suivant : *L'existence universelle*, qui équivaut, selon le Principe I, à *l'activité universelle, est en outre constamment modifiée par cette même activité*. La modification peut se traduire, dans l'évolution de *l'être-agent*, par un progrès ou une régression, mais la continuité et l'identité de cet être subsistent. Ainsi notre corps, nous l'avons vu, est constamment modifié par ses propres activités et celles du monde extérieur, mais reste lui-même pendant notre vie entière. C'est en ce sens que j'entends l'identité et la continuité de l'être. Donc :

Principe I : L'existence équivaut à l'activité.

Principe II : C'est encore par l'activité que l'existence est modifiée ; c'est par l'activité que nous progressons et que nous rétrogradons.

Cette loi universelle, appliquée à l'humanité, peut être formulée en ces termes :

Chaque homme est à lui-même son propre *Karma*, son mode spécial d'activité. Tout ce qu'un homme est, tout ce qu'un homme a, tout ce qu'un homme sera ou aura, tout cela dépend de son activité, tout cela ne peut être que le résultat de ce qu'il a fait, de ce qu'il fait, et de ce qu'il fera, en pensées, en

---

tance astrale, et que l'analyse peut théoriquement être poursuivie, *ad infinitum*, jusqu'à la Cause Première. (Voyez ch. III, note concernant l'analyse de la matière.)

paroles et en actions (1). En un mot, *notre présent est le fruit de notre passé* (2).

Voilà sous quelle forme le Karma est généralement compris dans l'Occident, et nous savons maintenant que ceci n'est que l'application particulière d'une loi universelle.

Poussant plus loin l'analyse, nous trouvons que le présent, conséquence du passé, se manifeste à nous sous un double aspect. Jouissance ou souffrance, circonstances favorables ou contraires, cette dualité nous amène à décomposer en deux catégories les actions du passé déterminant, et à dire que ces actions ont été *bonnes* ou *mauvaises*.

Or le *Bien* et le *Mal* sont essentiellement *relatifs*. Il n'existe rien d'absolument bon, ni d'absolument mauvais, car l'Absolu exclut tout prédicat (3). Les termes « Bien » et « Mal » n'ont de signification que lorsqu'on les oppose l'un à l'autre dans l'univers manifesté. Comme le (+) et le (—), le Bien et le Mal sont indispensables à la manifestation et ne subsistent qu'en elle. Ces termes étant relatifs, il suit de là que ce qui est Mal pour moi *peut* être Bien pour un

---

(1) Les pensées, les paroles et les actions, ou mieux, les pensées, les *désirs* et les actions, représentent les activités de l'homme dans les trois mondes, ou sur les trois plans (mental, astral, physique) qui forment le théâtre de son évolution.
(2) Par « passé » j'entends la *série indéfinie* des activités passées de notre être.
(3) Le « Bien absolu » n'a pas plus de signification que le « mouvement absolu » ou la « chaleur absolue ». En l'Absolu, le Bien et le Mal sont *un*, comme tout le reste d'ailleurs.

autre ; ce qui était bon pour moi hier peut m'être mauvais aujourd'hui. Ces termes n'ont de valeur réelle que *par rapport à l'être auquel ils s'appliquent.* N'allez pas me répondre : « Puisqu'il n'y a réellement ni Bien ni Mal, nous pouvons nous amuser à notre aise ! » Ce serait prouver que vous ne m'avez pas compris. J'ai dit : « Le Bien et le Mal existent *réellement*, comme l'univers, comme vous-mêmes ; mais comme tout cela aussi, ils sont *relatifs.* » Quel est alors le critérium de nos actions ; à quoi pouvons-nous reconnaître qu'elles sont bonnes ou mauvaises ? Voici : toute action mentale, astrale ou physique qui tend à limiter dans son évolution un être quelconque est mauvaise, car elle amène une régression. Toute action qui tend à écarter une limitation, et à faire progresser l'être vers la Divinité, est bonne. Telle est la définition du Bien et du Mal (1). Quelques exemples vous aideront à comprendre ma pensée.

Un exemple auquel j'ai souvent recours, c'est celui du régime ; car la plupart des Occidentaux ne savent pas combien ils nuisent à leur évolution par la nourriture grossière qu'ils croient indispensable à l'entretien normal de leur santé physique. Manger de la viande (animale) est à la fois bon et mauvais. Je puis vous dire que ce serait chose fort mauvaise pour moi ; j'y perdrais sous plusieurs rapports : d'abord, le sentiment délicat du respect envers toutes les formes de la vie, sentiment que j'ai reçu

---

(1) En un mot, le Bien et le Mal ne sont pas des *choses* ; ils sont des *directions* ou des *tendances.*

de mes ancêtres, s'émousserait chez moi si je permettais à mes semblables de tuer des animaux pour me nourrir. De plus, mes facultés les plus délicates s'obscurciraient, et ma nature inférieure deviendrait plus difficile à maîtriser. Mais, d'autre part, cette même action serait très bonne pour un cannibale. Vous pourriez lui dire avec raison : « Regarde ces beaux cerfs, ces chèvres sauvages. Leur chair est savoureuse; va, poursuis-les : ce sera pour toi un noble et sain exercice. Dès que tu y auras pris goût, tu renonceras à manger tes semblables. »

Et si vous parveniez à le persuader, il vous serait redevable d'un progrès énorme dans son évolution.

De même la polygamie active, franchement mauvaise pour le sage, serait presque un bien, semble-t-il, pour beaucoup de civilisés modernes, qui sous le couvert de leur monogamie, dont ils sont fiers, n'en vivent pas moins dans une honteuse promiscuité. La polygamie admise serait préférable, à bien des points de vue, au dévergondage qui pourrit la société moderne (1).

Dans les grandes religions elles-mêmes, vous trouverez parfois des règles qui vous paraîtront étranges, mais qui deviendront pour vous parfaitement compréhensibles si vous savez qu'elles s'appliquent à certaines catégories d'individus. Il n'y a pas de loi générale pour tous. Supposez qu'à nos yeux

---

(1) La polygamie de certains sages, qui ont pu s'attacher plusieurs femmes dans le but de les sauver, d'élever leurs âmes en les instruisant dans la sagesse, est évidemment hors de question ici.

l'ultime bien soit de connaître l'Intelligence du Soleil central spirituel de notre système. Cet idéal ne laisse rien à désirer *pour nous*. Mais pour les Êtres qui vivent dans des sphères plus élevées que ce Soleil même, ce serait une limitation, un mal. Le Principe Premier Lui-même n'est-il pas une limitation pour l'Absolu ?

La philosophie indoue vous dira donc que tout ce qui existe est bon ou mauvais selon le point de vue adopté.

De tout ce qui précède, il résulte que pour établir la classification la plus rudimentaire de nos activités, de notre Karma, nous devrons en examiner les conséquences *bonnes et mauvaises, subjectives et objectives* (1), *dans les trois mondes* physique, astral et mental. Cette étude est tellement complexe que je ne puis même songer à la développer ici (2).

En résumé, chaque être agissant, de par l'ensemble des activités qui le constituent, et sur lui-même et sur son ambiance, modifie constamment l'un et l'autre. Sa propre nature, et les circonstances qui l'entourent, sont déterminées par lui. L'homme n'a que lui-même à louer ou à blâmer, car il fait sa propre destinée. Tout est régi par l'universelle Loi de Justice.

Et cette Loi parfaite est essentiellement iden-

---

(1) C'est-à-dire les effets de nos activités sur nous-mêmes d'une part, et de l'autre, sur le monde qui nous entoure.
(2) Voir pour ce développement : *Karma* par Annie Besant, et *La Sagesse Antique*, ch. IX, « Karma ».

tique (1) au Maître et Seigneur de l'univers, car « *Il rendra à l'homme selon son œuvre* (2) ». « *Ne vous y trompez point, on ne se moque pas de Dieu ; car ce que l'homme aura semé, c'est ce qu'il moissonnera aussi* (3) » Rien n'est plus vrai, nous-mêmes faisons notre destinée, notre vie se déroule sur la trame ourdie de nos propres mains. L'état où nous sommes ne vient ni du hasard, ni du caprice d'un Dieu mesquin et jaloux, arbitrairement créé à notre image. Rendez-vous-en compte, et vous serez des hommes ! De mendiants que vous étiez, vous deviendrez des citoyens de l'univers. Reconnaissez que votre avenir est en vos mains : libre à vous de le façonner comme bon vous semblera. « Si je souffre aujourd'hui, c'est que dans le passé j'ai violé la Loi. Je suis seul à blâmer : avec calme et courage je vais faire face à toutes les apparentes injustices dont je souffre ». Voilà le langage de l'homme qui a compris sa position. Il poursuit son chemin le front haut, patient envers le présent, fruit du passé fatal, plein d'espoir et de confiance en le libre avenir qu'il se prépare.

L'homme dépendant de lui-même, sûr de lui-même, patient et courageux : tel est le résultat de la compréhension saine du Karma. Il nous reste à voir, dans notre prochaine réunion, *pourquoi* l'homme est lié au Karma, et comment il peut conquérir graduellement sa liberté.

---

(1) L'identité de la Loi et de l'Être sera établie dans la VIIIe conférence.
(2) Job (XXXIV, 11.)
(3) Saint-Paul (*Galates*, VI, 7.)

VIII

Karma (*Suite*).

Dans ma dernière conférence, j'ai cherché à vous faire comprendre que tout, dans notre nature intime comme dans les circonstances qui nous entourent, est le résultat de notre Karma, de notre activité. Voici maintenant une loi qui vous permettra de mieux saisir le fonctionnement du Karma dans l'évolution humaine.

La tendance naturelle de toute cause (ou de toute activité) est de produire son effet immédiatement. Si de la main je fais un geste, les ondes vibratoires aussitôt mises en mouvement tout à l'entour, *tendent* à affecter à l'instant tous les êtres. Seule la résistance du milieu (résistance qui implique une activité, ou *cause*, contraire), empêche la réalisation immédiate. Les causes *tendent* donc à produire immédiatement leurs effets, mais elles n'y réussissent pas toujours; sans quoi nous pourrions croire que l'instant actuel procède uniquement de l'instant précédent. Tel serait en effet le cas si nous n'engendrions pas à tout moment des causes contradictoires, qui, logiquement, ne peuvent produire leurs effets en même temps. Si j'introduis ma main nue dans le feu, je serai brûlé immédiatement. Mais si je prends soin de l'enduire au préalable d'une substance préservatrice (tel le suc de certaines plantes de l'Inde), ma main ne brûlera pas immédiatement : il faudra d'abord que l'enduit préservateur soit décomposé par la chaleur. Donc l'effet de toute cause doit, normalement, être immédiat ; mais il est retardé s'il y a déjà en jeu une cause contradictoire (1).

Cette loi se manifeste à travers toute notre vie. Sans trêve ni repos, nous accumulons des causes qui tendent toujours à nous lier en produisant leurs effets dès que l'occasion s'en présente. Mais tellement contradictoires sont nos activités, que c'est à peine si quelques rares actions s'harmonisent parfois en nous. Nous entassons donc, dans le cours de nos existences, des monceaux de causes qui ne peuvent se réaliser encore. Ces causes constituent ce que nous pourrons appeler techniquement le Karma « accumulé » (en sanscrit : *sanchita karma*, karma latent).

Au contraire le Karma dont les effets se manifestent actuellement dans notre nature, notre caractère, nos circonstances, etc., prendra le nom de « Karma actif » (*prârabdha karma*). Cette portion de notre Karma détermine l'orientation de notre vie

---

(1) Les exemples sont innombrables, nous en rencontrons à chaque pas. Ainsi la germination des graines est retardée, dans nos climats, par les neiges et les gelées de l'hiver. L'on fait couramment deux récoltes par an dans les pays où il n'y a point d'hiver.

présente, et nous verrons plus loin comment la sélection en est effectuée.

Enfin le Karma nouveau, qu'engendrent à chaque instant nos activités diverses, pourra s'appeler « Karma naissant » (*kriyamâna karma*) (1). Selon qu'il est compatible ou non avec nos activités présentes, il se distribue dans l'une ou l'autre des deux catégories précédentes.

Nous vivons donc sous l'influence d'un double ensemble de Karma : l'un attendant dans l'ombre l'occasion de se manifester, l'autre produisant activement ses effets. L'on conçoit maintenant que le Karma accumulé puisse, faute d'occasion, se reporter d'une vie à l'autre, et rester même enseveli pendant bien des incarnations pour fructifier enfin, comme les graines trouvées dans les sarcophages égyptiens, dès que seront réunies les conditions voulues.

C'est dans cette vaste réserve (2) *que devront être*

---

(1) Ce Karma représente la *puissance créatrice* de l'homme, le gage de sa liberté. On verra plus loin comment, par ses activités consciemment dirigées, le disciple peut modifier son « *destin* » (prârabdha) jusqu'à l'annuler complètement. Il peut aussi amener en activité son Karma *latent* (sanchita), et acquitter en quelques brèves incarnations la dette qui sans cela l'eût ramené sur terre pendant des âges sans nombre.

(2) N'oublions pas de faire entrer en ligne de compte, dans cette réserve, le Karma engendré par l'être dans la période qui suit chaque mort physique. C'est un facteur des plus importants, puisque, par ses activités sur les plans astral et mental, l'homme transmue en aptitudes bonnes et mauvaises les efforts spirituels et les désirs égoïstes de son existence terrestre. (Nous avons même vu que du *Karma nouveau* pouvait se produire lorsque le séjour de l'être sur le plan astral était prolongé par des moyens anormaux).

choisies les causes destinées à gouverner une incarnation particulière ; causes qui, pour pouvoir se manifester ensemble dans l'existence qui se prépare, doivent évidemment n'être pas mutuellement exclusives.

Qui donc va faire cette sélection ? Des puissances que nous pouvons appeler, si le terme vous plaît, « *Lois sélectives* ». A chaque instant, dans la nature, nous observons l'action de lois analogues. Plantez un arbre, et entourez-le de toutes sortes d'ingrédients : l'arbre ne choisira, dans cette masse, que ce qui convient à sa croissance et à sa constitution ; le reste sera rejeté. Vous verrez que toujours, là où il y a vie, il y a sélection. Or la vie est partout et en tout, vie sous différentes formes sans doute, mais toujours régie par des lois sélectives. L'homme ne fait pas exception.

Eh bien, ces lois peuvent aussi être considérées comme des agents, des Etres, ou « *Seigneurs* » *subjectifs*. Car entre la Loi et l'Etre qui en est l'agent, il n'y a aucune différence essentielle. Vous ne pouvez rien savoir d'une loi, sinon qu'elle est un mode d'activité méthodique. Pensez à une loi quelconque : vous ne pouvez la concevoir que sous forme d'action (1). Or l'action, nous l'avons vu, implique toujours un agent, un être. Le *même objet* nous apparaît comme *action* (karma) ou comme *être*, selon le point de vue auquel nous nous plaçons.

Qui de vous me connaît ? Lorsque je vous parle,

---

(1) Exemple : la *Loi* de la Gravitation n'est conçue que comme *action* d'attraction universelle.

vos sens sont affectés par un ensemble d'activités, dont l'effet est appelé par vous : son, couleur, etc... Laquelle de ces impressions est moi-même ? — En moi comme dans l'univers entier, vous ne percevez jamais qu'un ensemble d'activités ordonnées, vous ne percevez qu'une *Loi*. Partout l'*être* vous échappe, sauf *en vous-mêmes*. Si, dans mon cas, vous concluez, *par analogie*, à l'existence d'un *être*, quel droit avez-vous, ailleurs, de conclure autrement ? Les *Lois* de la Nature ne sont à *votre* point de vue que des activités méthodiques, je le sais bien ; mais si vous les preniez dans leur ensemble, si vous cherchiez à vous placer à *leur* point de vue subjectif, vous pourriez à bon droit les considérer comme des *Êtres*. *La Loi universelle et l'Être universel sont Un.*

Comme toutes les autres lois, les lois de sélection karmique sont, subjectivement, des Êtres. En sanscrit, ces Êtres sont appelés, collectivement, *les Lipika*, c'est-à-dire les enregistreurs, ceux qui tiennent les comptes de l'univers. L'idée chrétienne du Fils assis à la droite du Père, jugeant les hommes *selon leurs œuvres* et envoyant chacun à la place qu'il mérite, semble être un écho de cette doctrine. Un tel Être n'est-il pas en vérité la main droite du Père, l'Agent de la Loi, identique à la Loi elle-même, administrateur et vice-roi de l'Univers ?

Quoi qu'il en soit, les *Lipika*, ou les lois sélectives, choisissent dans le Karma de l'individu des éléments capables de s'harmoniser ensemble dans une même incarnation ; et ces éléments déterminent la ligne suivant laquelle l'être doit se mouvoir, *s'il ne déploie aucune initiative spontanée.*

Car à chaque instant la Volonté de l'homme peut introduire de nouveaux facteurs dans l'équation de sa vie, modifiant sans cesse la résultante du Karma passé. Telle est même la différence essentielle entre les règnes inférieurs, et l'homme. Dans les règnes inférieurs où la Volonté individuelle n'est pas encore développée, l'être est irrévocablement poussé selon la ligne tracée par ses activités antérieures ; il est lié par le Destin. Mais la Volonté naissante de l'homme suffit déjà pour changer ce Destin en Liberté, car, dès son apparition, elle lui donne la faculté de modifier à chaque instant la direction résultante du Karma passé (1). Comme le dit si bien Edgar Poë : « Dieu, enchaînant étroitement la Nature par le Destin, donna la Liberté à la Volonté humaine.

---

(1) Ceux qui savent ce qu'on entend en mécanique par la « composition des forces » comprendront immédiatement ceci. Le Destin est représenté par la « *résultante* » de toutes les forces mises en jeu ou subies par l'être jusqu'à l'instant actuel. Si aucune nouvelle force n'intervient, la vie suivra cette résultante. Mais l'apparition de la Volonté a précisément pour effet de faire entrer en jeu des forces nouvelles, qui modifient à chaque instant la résultante « fatale ». La Sagesse, enfin, nous éclaire ; elle nous montre, à notre portée, des forces précédemment inconnues, et nous permet, par un choix judicieux de ces forces nouvelles, de changer radicalement le sens de la résultante, ou même de l'annuler complètement. Le Karma qui détermine une incarnation peut être considéré comme résultante première, permettant de prédire l'avenir *probable* de l'individu. Mais cette résultante pourra être modifiée d'autant plus, que l'individu a plus de Sagesse et de Volonté. Il est un proverbe bien connu des astrologues : « Le Sage régit son étoile ; l'ignorant est régi par elle. »

L'homme qui n'a point de Volonté est constamment esclave de la Fatalité, comme l'animal. »

Nous entrevoyons ici la solution du problème troublant, si complexe en apparence, du fatalisme et du libre-arbitre. L'opposition de ces deux termes n'est qu'apparente, tous deux sont *relativement* vrais. La nécessité est le partage des êtres qui n'ont point de volonté propre : ils sont fatalement destinés à faire certaines choses. Ceux qui ont une volonté peuvent modifier plus ou moins la nécessité selon la force de cette volonté, et l'usage qu'ils *savent* en faire. Les Êtres, enfin, en qui la Volonté et la Sagesse sont toutes deux entièrement développées, ceux-là sont totalement libres. Ainsi toutes les solutions si diverses que le problème peut recevoir sont *vraies, chacune à sa place*. Il y a Liberté absolue, mais seulement pour l'homme qui connaît la Vérité (1); il y a liberté relative pour celui qui a développé sa volonté jusqu'à un certain point; il y a enfin l'inflexible Destin, qui lie tout ce qui n'a point de volonté.

Comprenez bien ceci : votre Volonté croissante vous permet de modifier, jusqu'à un certain point, votre destin; et si vous atteignez la Sagesse, vous pourrez annihiler complètement l'immense monceau du Karma accumulé par vous à travers les âges, le réduire en cendres, et vous délivrer finalement de ces chaînes qui semblent éternelles. « *Sachez la Vérité*, a dit le Christ, *et la Vérité vous rendra libres* ».

Or qu'est-ce que cette Vérité libératrice, sinon

---

(1) Ou qui s'est consciemment uni au Principe.

l'Unique Réalité, *Sat*, dont l'*identité*, réalisée en *Soi* par l'être parvenu au terme de son long pèlerinage, est exprimée dans la parole suprême :

« *Je suis CELA* ».

« — Il n'est au monde que cette Réalité Unique, et *Je suis identique à Elle* ; ou, en langage chrétien :

Mon Père et Moi sommes Un ».

Telle est l'ultime Vérité. Elle a été admirablement définie, en ces termes, par un grand philosophe de l'Inde :

« La Vérité, que des milliers de volumes ont commentée, je vais l'exprimer en un demi-verset : *Brahman, l'Absolu, est seul vrai. L'univers toujours changeant est irréel ; son existence n'est que relative, et l'homme, en son essence, est Dieu. Rien de plus* ».

Le but de l'évolution est donc, pour l'homme, la pleine réalisation de sa *Divinité essentielle*, l'identification de son être même avec la Réalité Unique. Tel est le sens du mot « *savoir* » qu'emploie le Christ lorsqu'il dit : « *Sachez la Vérité...* » (1).

La Suprême Union réalisée, l'homme est définitivement libéré des liens de la causalité ; son salut est accompli, salut dont cette Suprême Union est l'unique moyen. Tel a été l'enseignement de tous les Maîtres.

L'Humanité monte vers son but en une sublime hiérarchie où la Liberté croît en proportion de la Sagesse.

Telles sont, brièvement résumées, les quelques idées indispensables à la compréhension du Karma.

---

(1) En d'autres termes, sur le plan de la Réalité, « *Savoir* » et « *Être* » sont un.

La seule vérité qui subsiste toujours, c'est l'inviolable *Loi de Causalité*. Quant au fatalisme, il n'est pas absolument vrai ; il n'a d'existence réelle que pour ceux qui n'ont point d'activité propre. La moindre volonté suffit à changer l'orientation de la vie de l'être, non pas sans la Loi, ou contre la Loi, mais avec Elle, et même *grâce à Elle*. Si notre évolution tout entière n'était régie par la Loi, comment pourrions-nous, en toute sécurité, travailler à notre libération ? Si nous ne savions pas que, du haut en bas de l'échelle, telle cause produit tel effet, comment pourrions-nous orienter nos pas vers le séjour de l'éternelle paix ? La loi seule nous garantit notre liberté. En vertu de la Loi, les causes d'esclavage produisent l'esclavage ; mais lorsque ces causes cessent d'être *par nous* engendrées, *cette même Loi* vient infailliblement briser nos chaînes. La loi est partout et en tout. La nier, c'est ouvrir la porte au « *hasard* ». Or « hasard » n'est qu'un mot forgé par l'ignorance ; dans le vocabulaire du Sage, ce mot n'a jamais existé.

Il suit de là que c'est *grâce à la Loi, grâce au Karma*, que la Volonté et la Sagesse peuvent nous délivrer. Mais alors, ce n'est donc pas le Karma qui nous lie ? Non certes ; *Karma* n'est que la roue des causes et des effets, roue qui tourne sans trêve ni repos du matin au soir de l'univers. *Ce qui nous lie à cette roue, c'est nous-mêmes ; nos désirs sont nos chaînes*. Nos désirs sont des pensées, des forces, qui revêtent, dans le monde astral, des formes réelles et tangibles. Ces formes, vous ne les percevez pas, mais celui dont les yeux sont ouverts les voit, lancées vers les quatre coins du monde matériel par l'âpre vouloir de l'homme ambitieux.

C'est donc le désir qu'il faut supprimer, si nous voulons trancher le lien qui nous attache à la roue des morts et des naissances. Et, le désir, nous ne pouvons le supprimer qu'en éliminant totalement l'égoïsme, la notion de la séparativité. « Je suis ici, vous êtes là, cet objet est distinct de nous deux : pour que je l'aie il faut que vous ne l'ayiez point... »; de là naissent l'envie, la jalousie, toutes les haines. Je ne puis désirer que ce qui est différent de moi-même, ce qui est en dehors de mon être ; et si je sais que les objets de ma conscience sont en moi, et qu'en moi est l'Essence de toutes choses, le désir tombe de lui-même et les chaînes se dissolvent.

La libération totale implique la parfaite Sagesse ; jusqu'à ce que cette Sagesse soit réalisée en nous, nous ne pouvons qu'orienter notre vie selon la résultante la plus favorable, travaillant sans relâche à la suppression graduelle de l'égoïsme, à la destruction du mur qui nous sépare de nos frères, et de Dieu. *Une vie désintéressée est l'absolue condition de la croissance.* C'est ici qu'apparaît la vanité du savoir humain, de la science purement *intellectuelle.* Combien d'hommes instruits traversent la vie, semblables au « mulet chargé de livres » dont parle le poète indou ! C'est la colère, l'ambition, l'égoïsme, qu'il vous faut éliminer si vous aspirez à la Sagesse ; ainsi vous développerez graduellement les potentialités Divines qui dissiperont en vous le voile de l'illusion. « *Le cœur pur pénètre le Ciel et l'Enfer* », a dit l'auteur de l'Imitation. Rien n'est plus vrai.

Rappelez-vous aussi la parole de l'Évangile : « *Heureux les cœurs purs, car ils verront Dieu.* » Hélas, combien sont-ils, ceux qui viennent à nous poussés par quelque chose de plus que la simple curiosité ?

N'en est-il pas, parmi vous, qu'amène le désir des pouvoirs psych*i*ques ? — des ambitieux aussi, ceux-là, d'une ambition plus subtile, plus étendue, plus dangereuse souvent, pour eux-mêmes surtout, que la cupidité vulgaire de l'homme matériel ! D'autres viennent pour voir un homme habillé de blanc, qui leur fournira pendant quelques jours un sujet de conversation...

Bien petit est le nombre de ceux qui ont pour idéal la pureté de vie, la pureté de caractère, l'absolu désintéressement. Être prêt à tout pour aider l'Humanité sans même songer à sa propre croissance : cela paraît dur à plusieurs. Mais si, non contents d'entendre la parole de la philosophie orientale, vous voulez la mettre en pratique, cet absolu désintéressement est la première condition indispensable, la clef d'or sans laquelle vous heurterez en vain à la porte des mystères. Êtes-vous prêts à ce renoncement total ? Si vous ne l'êtes pas, mes enseignements ne sont pour vous que des phrases creuses, rien de plus : votre heure n'est pas encore venue. Si plus tard la lumière se fait en votre esprit, peut-être vous souviendrez-vous...

Jusqu'ici nous avons cherché à comprendre la vie. Notre examen rapide nous a permis de conclure à l'existence d'une Réalité Unique, hors de laquelle tout n'est qu'ombres passagères. L'Homme est essentiellement Un avec Dieu. Il gémit aujourd'hui dans la misère, parce qu'il est aveuglé par le voile de l'illusion. Mais sa Divinité potentielle se révèlera lorsqu'il aura dépouillé son illusion, et qu'il se sera délivré de l'immense chaîne du Karma, chaîne que lui-même s'est forgée dans le passé par ses actions, ses paroles et ses pensées. Voilà le but. Nous verrons, dans notre prochaine et dernière réunion, comment nous pouvons travailler consciemment à sa réalisation, par l'organisation bien entendue de nos activités.

Nota. — Certaines personnes, qui acceptent la doctrine du Karma, mais ne la comprennent pas, deviennent dures de cœur. « Si cet homme souffre, disent-elles, c'est qu'il a mérité de souffrir. — Pourquoi le secourir ? » A cela je pourrais répondre que si cet homme a eu l'occasion d'être aidé par vous, c'est qu'il a mérité d'être aidé ; et que si vous avez consciemment laissé passer cette occasion de faire le bien, vous vous êtes rendu coupable. Et toujours il nous est possible d'*aider* notre prochain à changer l'orientation de sa vie. Si nous ne pouvons pas lui porter secours matériellement (et il est parfois préférable de ne pas le faire), du moins nos pensées charitables peuvent-elles lui prêter un appui moral qui, pour être invisible, n'en est pas moins réel. Ne perdez jamais de vue la définition du Bien et du Mal : vous ne secourez *vraiment* vos semblables qu'en aidant à l'évolution *réelle* de leur être *réel*, — quelles que soient d'ailleurs les apparences.

En somme, *Karma* ne nous dispense nullement d'aider nos semblables, pas plus qu'il ne nous empêche de nous aider nous-mêmes.

IX

Le Sentier de la Perfection

Jusqu'ici nous avons cherché à comprendre, d'une manière très élémentaire, la partie théorique de cette vaste philosophie, enseignée depuis tant de siècles dans l'Inde. Nous chercherons aujourd'hui à nous faire quelque idée de son application pratique. Je vous ai dit en commençant ce cours, que la philosophie indoue était une science expérimentale; je le répète une fois de plus. La Sagesse de mes ancêtres ne ressemble guère à la Philosophie spéculative de l'Europe moderne, vaste monument d'hypothèses intellectuelles fondées sur quelques données rassemblées dans le seul plan physique. Chez nous, la spéculation ne joue qu'un rôle secondaire. La conviction intellectuelle a néanmoins sa place dans notre philosophie, car il importe de concevoir d'abord la probabilité logique des théories enseignées. Cette conviction est fortifiée ensuite par le témoignage des Sages qui ont vu et vérifié par eux-mêmes.

Mais cette conviction intellectuelle n'est qu'une phase *préliminaire*, une *introduction* à la Philosophie

Sagesse de l'Orient, qui ne commence réellement qu'au point où s'arrête la Philosophie moderne. Car, si nous ne nous décidons pas, malgré toute la difficulté de l'entreprise, *à suivre par nous-mêmes la voie* où nous ont précédés ces Sages dont le témoignage unanime a affermi notre foi, nous sommes condamnés à la stagnation perpétuelle : « La foi sans les œuvres est vraiment une foi morte. »

Cette foi préliminaire, conclusion de l'étude théorique esquissée dans les conférences précédentes, se résume en quelques mots :

Une seule Réalité dans l'univers, Réalité dont toute chose existante n'est que la manifestation phénoménique.

Le « *Soi* » de l'homme, essentiellement identique à « *Cela* ».

Le but de la vie : la *réalisation en acte* de cette *identité* essentielle.

Le moyen d'atteindre ce but, voilà ce qui doit nous occuper aujourd'hui. Or la définition même de notre objet suffit à nous indiquer la condition sans laquelle nous ne pouvons le réaliser.

Ces trois mots : *Progrès vers l'Unité*, nous donnent immédiatement la double clef qui nous ouvre l'entrée de la « voie étroite ».

1° *Progrès...* — Nous avons vu que la loi universelle est l'Activité (*Karma*) : l'activité est identique à l'être. Si nous ne pouvons *exister* sans agir, à plus forte raison ne pouvons-nous *progresser*. Si nous sommes ici aujourd'hui, c'est que nos activités s'harmonisent avec celles du milieu où nous vivons. Pour changer, pour nous élever ou nous abaisser, il nous suffira d'*agir* différemment. « Qui se ressemble s'assemble », dit le proverbe : si, dans le milieu où nous sommes, nous modifions nos activités conformément au milieu où nous désirons être, nous serons portés fatalement, *par la force des choses*, vers ce nouveau milieu (1). C'est là, pour quelques-uns, un fait d'expérience. D'ailleurs, toutes les parties de notre être se développent par un emploi méthodique de nos activités et notre nature morale obéit à cette loi, tout comme notre organisation mentale ou musculaire. L'oisiveté, c'est la stagnation, la mort. *Pour croître il nous faut être actifs*, point d'autre méthode.

2º... *vers l'Unité*. — La diversité existe sur tous les plans de la manifestation, et n'existe que sur ces plans. Pour aller vers le but, vers l'Unité, cette diversité doit disparaître ; en d'autres termes, nous devons *éliminer l'égoïsme* de notre nature. Une vie

---

(1) Si le poisson, se trouvant, de par ses activités antérieures, à une certaine profondeur, modifie sa vessie natatoire selon la profondeur où il désire être, il se trouve porté fatalement, *par la force des choses* (ici, la *gravité*), vers cette nouvelle profondeur. Comme on le verra plus loin, ce qu'il s'agit de modifier, dans nos activités, ce n'est pas leur forme extérieure, mais *leur motif intérieur*. Les mêmes actions qui, accomplies dans un but égoïste, nous maintiennent indéfiniment liés à l'ornière où nous végétons, — ces *mêmes* actions, comme des ailes puissantes, nous soulèvent et nous transportent hors de notre misère, lorsqu'elles ont pour but le bien impersonnel et universel. Le résultat de ce changement dans notre motif peut n'être pas immédiat : il n'en est pas moins « fatal », et se manifeste dès que les résistances provenant de nos activités antérieures sont vaincues, dès que notre « mauvais Karma » est épuisé.

N. D. T.

désintéressée est donc aussi une condition absolue de la croissance. L'égoïsme, l'instinct de séparativité, ne pourra jamais déterminer notre position que dans les régions de la diversité. Pour atteindre le point central, il nous faut de toute nécessité renoncer à cette idée de séparation. C'est l'égoïsme qui engendre le *désir*, l'un ne va pas sans l'autre; et c'est le désir qui nous lie aux objets séparés, qui nous attache, corde puissante, à la roue des naissances et des morts. C'est le désir qui aveugle notre discernement, et qui nous conduit dans ce royaume de l'illusion où tout est vu à l'envers, dans cet inextricable labyrinthe du temps et de l'espace, où toute chose paraît différente de toute autre chose. Le désir doit donc être supprimé si nous voulons connaître la Vérité et conquérir notre Liberté.

Voici donc, nettement résumée, la double condition de la croissance de l'Être vers la perfection : — *Croître par l'action*, — *sans égoïsme, sans désir*; — car l'égoïsme engendre le désir, et le désir produit la souffrance, la tristesse, tout l'attirail de la misère. Or l'égoïsme lui-même n'est que le résultat de l'*ignorance*, de l'ignorance de ce fait : qu'il n'y a au monde qu'une seule Réalité, et qu'essentiellement » *Je suis* CELA ». — « Tu es CELA », toi, pauvre esclave de tes illusions, mort qui pleures tes morts dans le désert de la vie; tu es essentiellement Dieu. Si tu pouvais graver en ton cœur cette vérité, tu verrais tomber d'elles-mêmes les limitations illusoires qui produisent la tristesse et les souffrances. Ton ignorance est la cause de ton égoïsme, ton égoïsme est la cause de ta misère. Lorsque sera réalisée en toi la parole d'Identité, tu pourras, Homme parfait, dire comme le Christ : « Mon Père et Moi sommes Un ». Si tel n'est pas le but que t'indique le Maître, pourquoi donc vous dit-il, à toi et à tes semblables : « Soyez *parfaits* comme le Père céleste est parfait » ? Penses-tu donc qu'il te propose l'impossible ? Oserais-tu dire que sa parole est vaine ?...

L'ultime cause de toutes nos misères est donc l'*Ignorance*, l'ignorance de ce fait, que nous sommes Un avec Tout. Cette ignorance doit être supprimée par l'*expansion graduelle de notre conscience*; c'est là ce que nous entendons par la *croissance* de l'homme. L'homme ne diffère de l'animal, l'animal de la plante, que par le degré d'évolution du principe conscient. La Divinité, identique à Elle-même, dort, cachée au sein de la froide pierre. Éveillez-la pas à pas, et à mesure qu'elle « évoluera », immuable en son essence, mais *se manifestant* de plus en plus à travers des *véhicules* de plus en plus parfaits, vous verrez la pierre se transformer en plante, la plante en animal, l'animal en homme, l'homme, enfin, en ange, en Maître, en Christ. Et la sublime hiérarchie se continue, par delà toute conception abordable à nos mesquines intelligences, jusqu'au trône de l'ineffable Divinité totalement *manifestée*. Ainsi d'un bout à l'autre, la croissance n'est que la libération graduelle, le développement de la Puissance Divine, intégralement latente sous toute forme créée. C'est là ce que signifie le terme : « évolution ». Et cette *évolution* n'est que la continuation logique, le deuxième acte de la Création Divine, le résultat nécessaire de l'*involution* par laquelle le « Verbe s'est fait chair », par laquelle l'Être Unique et universel s'est mystérieusement enveloppé jusqu'à produire cette suprême illusion : le *plan physique*.

Et cette libération, cette évolution, à tous les degrés de l'échelle, est produite par l'*activité*. L'action et la réaction provoquent la manifestation de tout ce qui est latent dans l'être. Nos sens mêmes ne sont-ils pas développés par l'action des puissances extérieures sur nous ? La science admet que la fonction crée l'organe ; lorsque la fonction cesse, l'organe s'atrophie, témoins les poissons aveugles des lacs souterrains d'Amérique. L'activité est donc indispensable, et puisque nous reconnaissons que toute croissance *ultérieure*, supérieure à notre état d'hommes individuels, doit tendre, non plus vers la diversité (comme dans les règnes inférieurs) (1), mais vers l'Unité, cette activité doit nécessairement coexister avec la destruction de l'égoïsme, et du désir qui en est la conséquence.

Tels sont donc les deux éléments que nous devrons combiner en notre nature ; éléments qui semblent contradictoires à première vue, puisque la plupart des hommes ne sont poussés à l'activité que par le seul désir, et que la suppression en eux du moteur essentiel équivaut précisément à la cessation de toute activité propre. Cette antinomie

---

(1) L'égoïsme est nécessaire, à *sa place*, comme toute chose d'ailleurs. C'est grâce à lui que l'individualité est formée, l'individualité humaine, extrême limite de la différenciation. Cette limite atteinte, l'égoïsme doit être éliminé, car il n'a plus sa raison d'être. De bien qu'il était, il devient un mal, un obstacle à l'évolution *ultérieure* de l'être.

doit néanmoins être résolue, sous peine de renoncer à toute extension de la conscience humaine dans les règnes transcendants de l'univers. En proportion de ce que vous saurez manier cette double clef de la Sagesse, vous croîtrez, comme la fleur sous les caresses du soleil, sans avoir même la pensée de la croissance. *C'est là le premier pas de tout enseignement pratique.* Si vous voulez vérifier par vous-mêmes la réalité du monde transcendant, il faut développer votre conscience, transférer graduellement votre état conscient dans les principes de plus en plus élevés dont se compose votre nature si complexe ; et pour cela il faut, tout en restant pleinement actif, vous purifier entièrement de toute souillure d'égoïsme. « Heureux les cœurs purs, dit le Christ, parce qu'ils verront Dieu. Rien n'est plus vrai, aucun effort ne peut être sûrement tenté si ce premier pas, la *purification*, ou destruction de l'égoïsme, n'est pas accompli. C'est un point sur lequel je ne saurais trop insister, dussé-je me répéter cent fois. Je trouve partout des gens qui désirent la croissance, qui veulent voir les choses hyperphysiques, et palper, comme des réalités tangibles, les vérités transcendantes de l'univers. Fort bien ; mais ils semblent s'imaginer qu'ils obtiendront tout cela, en un jour ou deux, par quelque procédé mystérieux... C'est une déplorable erreur. Sans la *purification* préalable vous ne pourrez rien connaître des règnes supérieurs de la Nature. — Je me trompe ; vous pouvez bien prendre contact, jusqu'à un certain point, avec le monde astral ; mais un charlatan quelconque peut en faire autant. Avec tous vos pouvoirs psychiques, vous ne vaudrez pas mieux que le simple jongleur de l'Inde, qui va de rue en rue exhiber ses tours. Mais *Philosophe*, vous ne pouvez l'être, à moins de *purifier* votre nature par l'activité désintéressée, par la destruction de l'égoïsme. Car vous désirez connaître l'Ultime Principe, l'Unité Première et Dernière ; et cette Unité est inaccessible à l'être en qui subsiste la moindre notion de séparativité. L'Unité est sur le plan de *Atmâ* ; sur tous les autres plans règne la diversité. Comment voulez-vous atteindre l'Unité sans éliminer de votre nature tout ce qui vous sépare des autres êtres ?

Ainsi le désintéressement s'impose au disciple, non pour des raisons de vague sentimentalité, mais comme une nécessité rigoureuse et scientifique. Rappelez-vous la comparaison mathématique que nous avons adoptée dans une conférence antérieure. Comme des rayons de lumière, les êtres proviennent d'un soleil central unique. Tant qu'ils sont hors du centre, sur une des circonférences, ils ont la notion d'un rayon séparé les reliant au centre. Mais s'ils veulent atteindre le centre même, il leur faut renoncer à toute idée de séparation, puisqu'au centre tous les rayons convergent, puisqu'au centre tous les êtres sont Un.

Si, profondément pénétrés de cette idée d'unité, nous poursuivons dans le monde notre existence *active*, nous voyons notre état conscient s'élever graduellement, d'abord jusqu'au *monde astral* dont les objets nous deviennent de plus en plus clairement perceptibles. Puis, au fur et à mesure que nous exerçons nos pouvoirs d'activité désintéressée, notre conscience s'élève successivement aux plans du *Manas inférieur* et *supérieur*. C'est sur ce dernier plan (Manas supérieur) que nous commençons à percevoir les « *abstractions* » inconcevables à titre objectif pour notre conscience « normale ». Sur ce plan-là, la « *triangularité* » qui se manifeste ici-bas par tous les triangles différents qu'il nous est possible de concevoir, nous apparaît comme un objet unique et distinct. C'est pourquoi ce plan est appelé en sanscrit « *arûpa* », « sans forme », parce que là existent les *archétypes*, idées abstraites qui se manifestent ensuite sous toutes les formes concrètes des plans inférieurs. Nous passons ensuite consciemment au *plan Buddhique*, ou monde spirituel, où nous avons la perception simultanée de l'union et de la séparation ; c'est un état impossible à décrire, état d'ineffable béatitude où les notions d'Unité et d'Individualité subsistent ensemble, où nous sommes en même temps nous-mêmes et Tout ce qui est. Sur ce plan-là, l'Humanité, encore divisée sur le plan du *Manas* supérieur, existe comme un Tout unique. Là est la base réelle et palpable de la *fraternité* humaine, la clef de notre solidarité. Lorsqu'enfin notre conscience s'élève au plan *Nirvânique* au plan de *Mahâ Atmâ*, nous sommes, *identiquement*, le cœur et le centre de tout être et de toute chose : nous sommes définitivement libérés de la double illusion du Temps et de l'Espace, illusion qui ne peut exister que sur les plans de la pluralité.

Et cette ascension de notre conscience n'est possible, je le répète, que par *l'activité pure de tout égoïsme*.

La *purification* est le premier pas sans lequel il est plus qu'inutile de parler de pensées supérieures, de Sagesse véritable. Vous pouvez, certes, lire intellectuellement bien des livres, et produire bien des œuvres, et devenir un objet d'admiration pour l'intellect humain ; mais jamais vous n'aurez la Sagesse, si vous n'éliminez pas l'égoïsme.

Reste à voir maintenant comment nous parviendrons à combiner l'absolue pureté, l'absence de désir et d'égoïsme, avec l'activité nécessaire à la croissance. Car nous l'avons dit, bien des gens, voyant les hommes autour d'eux mûs presque exclusivement par leurs désirs, ne conçoivent pas, à première vue, la possibilité de cette conciliation. Or je veux bien admettre que le problème doive rester longtemps encore insoluble pour ceux qui appartiennent à « l'autre » portion de l'humanité, si éloquemment appelée « les morts » par certains mystiques. Mais pour qui cherche la Sagesse, pour qui veut aborder la Philosophie transcendante, il est possible d'être parfaitement actif en renonçant à tout désir.

Pour cela, deux méthodes principales s'offrent à nous ; deux voies, deux « *sentiers* », comme disent les mystiques indous :

I. *Le sentier de la connaissance abstraite.*
II. *Le sentier de la dévotion concrète.*

Ces deux sentiers conduisent également à la purification. Tous deux sont clairement indiqués par le Bienheureux Krishna dans la Bhagavad Gîtâ (1).

---

(1) Nous ne saurions trop vivement recommander l'étude

I. Prenons en premier lieu le sentier de la connaissance abstraite. Rappelons-nous ici que le cosmos est un ensemble d'activités organisées. Toute la diversité de l'univers manifesté ne consiste qu'en *nom* et *forme*, ou mieux, en *karma*, ou *activité*, se manifestant en nom et en forme. Comme je vous l'ai dit, analysez un objet quelconque : vous n'y trouverez qu'un ensemble d'activités vous apparaissant sous une *forme*, que vous appelez votre objet, et auquel vous attribuez un nom (1). Rien d'autre que cela dans l'univers entier.

Si nous nous rendons nettement compte de ce fait, que l'univers est un ensemble harmonique d'activités, et que toute chose dépend de toute autre chose, nous arriverons facilement à conclure que nos activités doivent être en harmonie avec celles de l'univers, si nous voulons subsister comme partie de cet univers, et conserver notre existence. Notre « moi » n'est qu'un ensemble spécialisé et complexe d'activités, occupant une place particulière dans l'ensemble général de l'activité cosmique. Et pour subsister, les activités spéciales qui constituent notre « moi » doivent être en harmonie avec l'activité géné-

---

de la Bhagavad Gîtâ. Bien que la compréhension totale de ce chant sacré ne soit pas accessible à tous, et que la plupart des traductions soient fort imparfaites, l'idée générale est néanmoins facile à dégager : le travail sans égoïsme y est partout indiqué comme le moyen d'arriver à la paix suprême.

(1) C'est-à-dire, dont vous vous formez une *idée*.
En réalité, « *nom* et *forme* » sont une des désignations servant à indiquer l'universelle dualité de l'univers manifesté (esprit-matière, vie-corps, etc.), dualité qui ne cesse qu'au moment du *pralaya*, lorsque tout rentre au sein de l'Unique.

rale de l'univers. En d'autres termes, la loi de notre être doit se conformer à la Loi universelle.

Une comparaison bien simple, déjà indiquée d'ailleurs, vous aidera à comprendre la chose. Il suffit de considérer l'évolution universelle au point de vue musical, conception d'une justesse parfaite, comme nous l'avons vu. L'individu peut alors être regardé, littéralement, comme n'étant qu'un instrument particulier dans l'immense orchestre de l'univers. Tous nos mouvements produisent un *son* réel, quoique échappant à nos sens *physiques*, et ce son individuel doit s'harmoniser avec le Son universel, sous peine d'être un agent de discorde ou de dissonance, et d'être comdamné, comme tel, à disparaître. Si nous concevons nettement cette idée de la hiérarchie organique de l'univers, quel que soit le point de vue adopté, il suit logiquement que nous devons œuvrer en harmonie avec le reste.

Le philosophe cherche donc à reconnaître sa position dans l'univers, position déterminée, dans l'Activité universelle, par son activité individuelle, ou son *karma*. « Ma place est ici, se dit-il, puisque je suis ici. Voyons quelles sont les activités à déployer, les œuvres à accomplir pour maintenir, dans ma position actuelle, l'harmonie du cosmos *au point que j'occupe.* » Et alors il travaillera sans penser au « *moi* », et cela, en partant d'un point de vue purement abstrait.

« Que ce microcosme, ce petit ensemble d'activités appelé « *moi* », s'harmonise donc avec le macrocosme, avec le grand ensemble d'activités dont il n'est qu'un élément composant. Qu'il ne reste pas oisif, pendant que l'univers vibre tout entier, mais qu'il agisse toujours harmonieusement, en équilibre avec le milieu qu'il occupe. » Le sage peut réaliser ainsi la parfaite abnégation : les désirs de l'être séparé n'existent plus pour lui, car il ne connaît que la loi d'harmonie universelle, identique, comme nous le verrons, à la « Volonté du Père ».

Mais il ne faut pas nous dissimuler la difficulté de la tâche envisagée à ce point de vue abstrait. Toutes ces idées générales semblent vagues à la plupart des gens. L'abstraction n'a point de prise sur la volonté ordinaire, elle ne peut donc la stimuler. Le plus souvent, l'homme « à idées générales » n'est qu'un phraseur; on ne trouve chez lui que des paroles sonores et creuses : d'action, point. Il existe cependant des gens qui travaillent sérieusement à ce point de vue abstrait, mais ils sont rares A la majorité des hommes, il faut pour mobile un idéal concret; et un tel idéal est expressément donné en partage à ceux qui suivent le *sentier de la dévotion*.

Ce *sentier de la dévotion* a été nettement tracé, dans le monde occidental, par l'enseignement du Christ. Le christianisme est essentiellement dévotionnel.

Nous avons vu (1) comment une seule et même chose pouvait être considérée à deux points de vue différents, objectivement et subjectivement, comme *Loi* et comme *Être*. L'univers entier peut être considéré, au point de vue abstrait, comme la *Loi*

---

(1) Voy. Ch. VIII.

(*Karma*) ; au point de de vue concret, comme l'*Être* universel, *agent* de la Loi qu'il manifeste.

Et notez bien que la *chose* considérée est identique dans les deux cas : le point de vue seul diffère. Si vous vous rendez bien compte de ceci, vous verrez qu'entre les religions les plus opposées en apparence, il n'y a point de différence essentielle. La *forme* essentiellement abstraite se trouve dans le *Bouddhisme*. La *forme* essentiellement concrète, dévotionnelle, est enseignée par le *Christianisme*. La *Loi* seule d'une part ; de l'autre, le *Créateur* et Sa Volonté toute-puissante. Le *Brahmanisme*, bien compris, combine l'un et l'autre ; il vous montre que tous deux ont raison : pourquoi se disputer ? — C'est ce qu'enseigne Krishna dans la Bhagavad Gîtâ : (XII. 2-7).

2. — Ceux dont la pensée est fixée en Moi, et qui, toujours harmonieux, M'adorent, doués de la suprême foi, ceux-là, à Mon idée, sont plus parfaits en Yoga ;

3. — Mais ceux qui adorent l'Indestructible, l'Invisible, l'In-manifesté, omniprésent, impensable, immuable, éternel ;

4. — Leurs sens maîtrisés par le renoncement, leur jugement toujours équilibré, ne désirant que le bien-être universel, *ceux-là aussi viennent à Moi*.

5. — Plus grande, néanmoins, est la difficulté pour ceux dont la pensée est fixée sur l'In-manifesté ; car, pour l'homme corporel, *le sentier de l'In-manifesté est difficile à suivre*.

6. — Mais ceux, en vérité, qui renoncent (1) à toute action en Moi, et font de Moi leur but suprême, ceux dont la dévotion médite sur Moi seul, sans aucun autre idéal,

---

(1) Pour le Divin Krishna, *renoncer à l'action*, ce n'est pas *cesser d'agir* : c'est cesser d'agir *pour soi*, en agissant, soit pour l'*Universel*, soit pour *Lui* (le Logos) (versets 4 et 6 cités). C'est donc surtout cesser de *désirer* ; car :

« Quiconque, restreignant les organes de l'action, convoite en sa pensée les objets des sens, cet insensé, ô Ard-

7. — Ceux-là, ô Pârtha (Ardjouna), je ne tarde point à les sauver de l'océan de la mort et de l'existence (conditionnée)...

Le Divin Maître nous le dit clairement. Un but *Unique*, et deux voies pour l'atteindre : d'un côté le sentier de *l'abstraction*, difficile et ardu, pour le petit nombre ; de l'autre le sentier de *la dévotion*, ouvert à tout homme de cœur. Et cette méthode dévotionnelle ne dit jamais : « la Loi », elle dit « le Seigneur (1) ». Partout des entités : la Loi suprême devient le « Père » ; Karma est Son auguste et insondable Volonté ; puis viennent le Fils, la Mère, le Saint-Esprit, les Esprits entourant le trône, les Archanges, les Anges. Or, au point de vue abstrait, tous ces *Êtres, sans changer en rien*, ne sont plus que les divers aspects de l'*Activité universelle*.

La méthode dévotionnelle a donc de grands avantages, car elle propose au cœur humain, au lieu d'une Loi aride et abstraite, des conceptions tangibles, offrant ainsi à la mise en œuvre de ses activités désintéressées une base plus solide et plus sûre.

D'abord, à la place du « Karma », nous obtenons un Dieu personnel : ceci est parfait, puisque « Karma », considéré *subjectivement*, est aussi conscient que vous et moi. Puis, nous avons le « Fils de Dieu »

---

jouna, mérite le titre d'hypocrite. Mais celui qui, maîtrisant les sens par la volonté,

» Accomplit la *Yoga par l'activité*, sans *attachement* envers les objets des sens, celui-là vraiment est digne.

» *Agis donc* avec rectitude, *car l'action est supérieure à l'inaction* : inactif, ta subsistance physique elle-même serait impossible ». (Id. III. 6-8.)

(1) En anglais, « *Law* » et « *Lord* » ont une sonorité analogue.

incarné, la *plus haute manifestation* de la Divinité-Une sous *forme* humaine. Tous, nous sommes des manifestations de la Divinité, puisque, dans l'univers entier, il n'est rien d'autre que CELA. Seul, le *degré* de la manifestation varie selon la *forme* manifestante. Et la forme la plus élevée qui puisse exister sur le plan physique, celle où l'Unique se révèle le plus, c'est la forme de l'*Homme Parfait*, du *Christ*, du *Fils de Dieu*, ou, comme dira l'indou, du *Mahâtma*, du *Maître* (1). Tel est l'Etre que la religion dévotionnelle nous offre comme intermédiaire entre l'homme et Dieu, intermédiaire non pas fictif ou symbolique, mais scientifiquement *réel*, car l'homme dont la conscience atteint le plan de *Atmâ* est identifié avec la Divinité. Le *Maître* est Celui qui Est au cœur de tout ce qui existe. Lui, l'*Identique*, a seul le droit de dire : « Je suis CELA, Mon Père et Moi sommes Un ».

« *Je suis la voie...* » — Par cet Homme-Dieu, par cet idéal sublime, la religion dévotionnelle va nous conduire à la même activité désintéressée, libératrice, que réalisait tantôt le Sage, sur le sentier de l'abstraction en se consacrant à l'ordre, au bien impersonnel, à l'harmonie universelle. — « Consacrez-vous au *Maître* », nous dit la dévotion. Et si nous savons Ce qu'est le Maître, que sa forme ait nom Bouddha, Krishna ou Jésus, nous savons où Il nous mène, car l'Identique sous tous ses aspects divers ne peut nous conduire qu'à l'Unique. « Venez à Moi,

---

(1) Le sens que *nous* attachons au mot « *Maître* » est assez clairement défini par ce qui suit, pour qu'il soit inutile d'y insister.

dit le Christ,... nul n'arrive au Père que par Moi. — Pourquoi Me dites-vous : Montrez-nous le Père ? Celui qui M'a vu, a vu mon Père ». Par l'Homme-Dieu, tous arrivent à la vie. »

« Au nom de Jésus-Christ notre Seigneur », ainsi se terminent toutes vos prières liturgiques. Peu s'arrêtent pour réfléchir au sens de cette constante médiation, expression d'une grande et profonde vérité. La religion nous ordonne de nous consacrer à un Être concret, semblable à nous sous son aspect humain. Le résultat est que presque tous peuvent concevoir un tel Homme, exaltation parfaite de l'homme imparfait, tandis que peu sont capables de comprendre une simple Loi, abstraite et nue. C'est pourquoi la religion, en proposant aux hommes l'imitation d'un tel Être, ouvre le chemin à beaucoup, qui, sans elle, resteraient longtemps encore dans les ténèbres. Et vous verrez qu'en se dévouant, en se consacrant au service du Christ, du Bouddha, du Maître quel qu'il soit, le fidèle élimine graduellement l'égoïsme. Il ne travaille plus pour soi, il ne pense plus à soi. Jour et nuit il est actif pour l'amour de son divin idéal. Et en agissant ainsi, il travaille infailliblement, sans y penser, pour Dieu même, pour l'Unique, l'Universel. Car l'Homme parfait, Christ, Bouddha, ou Krishna, n'a point d'autres intérêts dans sa vie que les intérêts du cosmos, point d'autre volonté que la « Volonté du Père ».

Si vous êtes le représentant d'une cause qui vous est chère, avec laquelle vous êtes vraiment identifié, n'ayant point d'autre intérêt au monde, n'est-il pas évident qu'une personne qui se consacre à vous sans réserve, sert votre cause en vous servant, et la sert mieux peut-être qu'elle ne pourrait jamais le faire en agissant indépendamment ? Suivant le sentier de la dévotion, nous œuvrons donc toujours pour la Cause Universelle, pour Dieu, mais *à travers* un idéal concret. Et cet idéal est accessible à tous ; il est facile de ne jamais perdre un seul instant de vue le divin Maître, le plus cher *ami* du cœur fidèle. N'est-ce pas la joie dans l'âme que vous vous évertuez pour rendre service à votre plus cher ami ? La tâche la plus ardue ne devient-elle pas aisée ? — Aussi la vie du disciple aimant est-elle une vie de travail et de félicité ; jour et nuit il œuvre, sans penser à la fatigue ; jour et nuit il se dévoue, sans jamais souiller son âme par la pensée du « moi ». L'activité aide à sa croissance, le désintéressement purifie son cœur : voilà réalisée la double condition qui tantôt nous paraissait si difficile à remplir.

Tel est le secret du développement du « Soi » par la méthode de la dévotion concrète. Le sentier de l'abstraction est destiné au petit nombre. Que la plus grande partie de l'Humanité se consacre à un Maître Parfait. Que ce soit Christ, Bouddha, Krishna, il n'importe ; car tous les *Maîtres* sont UN sur le plan où la diversité disparaît. Ceux qui se disent Leurs disciples sur terre peuvent porter à la main le fer et le feu, et s'exterminer mutuellement ; encore une fois, il n'importe ! la paix des mondes spirituels ne saurait être troublée par leur fanatisme et leurs discordes.

J'ai cherché à vous montrer ce soir les deux points de vue principaux auxquels on peut se placer pour réaliser pratiquement *l'activité désintéressée*, qui substitue à nos intérêts personnels les intérêts de l'Universel, et nous conduit graduellement vers l'identification avec cet Universel, et vers la libération finale. Cette méthode de purification est appelée, en sanscrit, « Karma Yoga », de « Karma », activité, et « *Yoga* », application, entraînement, union. La « Karma Yoga » élimine l'égoïsme, quel que soit le point de vue, abstrait ou concret, auquel vous la pratiquiez. Le résultat est ce que nous avons appelé la *Purification*. C'est la première étape de l'homme sur le sentier de la Perfection. C'est par là que doivent commencer ceux qui veulent vérifier *par eux-mêmes* la réalité des mondes transcendants Avant d'avoir accompli ce premier pas, il est inutile de parler d'autre chose : « Cherchez d'abord le Royaume de Dieu et sa Justice ; le reste vous sera donné par surcroît. »

Et cette activité désintéressée est vraiment la clef du bonheur dans cette vie terrestre. Elle calme et fortifie notre esprit, car la pensée du « moi » est la plus terrible des distractions. Tant que ce résultat n'est pas acquis, la méditation ne peut porter ses fruits ; c'est dans l'esprit calme et paisible que la Vérité se révèle, et ce calme parfait ne peut mieux être atteint qu'en agissant selon l'idée que j'ai cherché à vous faire comprendre.

Quant à ceux qui veulent aller plus loin, lorsque le temps viendra, des méthodes de méditation leur seront données. Pour l'instant, rien ne sert d'en parler. Que ceux-là commencent par régler leurs activités. Qu'ils se rendent compte de ce fait, qu'ils ont été placés ici par les Seigneurs du Karma, ou par la Volonté Divine, peu importe ; mais qu'ils y ont été placés *parce qu'ils ont un Devoir à remplir.* Ce devoir peut être banal, trivial, pénible ; il n'en est pas moins *leur* Devoir : qu'ils l'accomplissent avec un cœur joyeux. En faisant ainsi leur Devoir pour le Maître, ou pour Dieu, ou pour l'Univers, ils croîtront, sans penser à la croissance, jusqu'au point où les voiles commencent à tomber d'eux-mêmes. Telle est la seule voie sûre : le *Devoir* avant tout, le Devoir sans la pensée du « moi ». Ainsi l'homme qui n'a pas le temps de lire un seul livre en sa vie croîtra plus vite et plus harmonieusement que celui qui étudie sans trêve ni repos dans la pensée égoïste de croître.

Car c'est par la suppression du seul *égoïsme* que nous pouvons écarter les voiles de la limitation. L'érudit égoïste est bien loin de la vérité, tandis que l'homme simple qui n'a pas l'occasion de lire, mais qui fait tout ce qu'il doit sans jamais penser à soi, peut être au seuil même de la Divinité. Comprenez bien cette idée, et mettez-vous à l'œuvre pour la réaliser en votre vie. C'est le premier pas vers la vérification des sublimes enseignements des philosophes de l'Inde. D'ailleurs si vous n'êtes pas disposés à prendre courageusement cette détermination, toute instruction ultérieure vous sera inutile.

TABLE DES MATIÈRES

	Préface du Traducteur.
1.	I. De la Constitution de l'Être humain.
17.	II. De la durée relative des principes constituant l'Homme.
27.	III. De l'Analyse des Choses.
42.	IV. Du processus de la Manifestation Universelle.
56.	V. Du processus de la Manifestation Universelle (*Suite.*) — De la Réincarnation.
70.	VI. De la Réincarnation. (*Suite.*)
85.	VII. Karma.
94.	VIII. Karma. (*Suite.*)
106.	IX. Le Sentier de la Perfection.

RENSEIGNEMENTS

SOCIÉTÉ THÉOSOPHIQUE

La Société Théosophique est une organisation composée d'étudiants appartenant, ou non, à l'une quelconque des religions ayant cours dans le monde. Tous ses membres ont approuvé, en y entrant, les trois buts qui font son objet; tous sont unis par le même désir de supprimer les haines de religion, de grouper les hommes de bonne volonté, quelles que soient leurs opinions, d'étudier les vérités enfouies dans l'obscurité des dogmes, et de faire part du résultat de leurs recherches à tous ceux que ces questions peuvent intéresser. Leur solidarité n'est pas le fruit d'une croyance aveugle, mais d'une commune aspiration vers la vérité qu'ils considèrent, non comme un dogme imposé par l'autorité, mais comme la récompense de l'effort. Ils pensent que la foi doit naître de l'étude ou de l'intuition, qu'elle doit s'appuyer sur la raison et non sur la parole de qui que ce soit.

Ils étendent la tolérance à tous, même aux intolérants, estimant que cette vertu est une chose que l'on doit à chacun et non un privilège que l'on peut accorder au petit nombre. Ils ne veulent point punir l'ignorance, mais la détruire. Ils considèrent les religions diverses comme des expressions incomplètes de la Divine Sagesse et au lieu de les condamner, ils les étudient.

Leur devise est Paix; leur bannière, Vérité.

La Théosophie peut être définie comme l'ensemble des vérités qui forment la base de toutes les religions. Elle prouve que nulle de ces vérités ne peut être revendiquée comme propriété exclusive d'une église. Elle offre une philosophie qui rend la vie compréhensible et démontre que la justice et l'amour guident l'évolution du monde. Elle envisage la mort à son véritable point de vue, comme un incident périodique dans une existence sans fin, et présente ainsi la vie sous un aspect éminemment grandiose. Elle vient, en réalité, rendre au monde l'antique science perdue, la *science de l'âme*, et apprend à l'homme que l'âme c'est lui-même, tandis que le mental et le corps physique ne sont que ses instruments et ses serviteurs. Elle éclaire les Écritures sacrées de toutes les religions, en révèle le sens caché, et les justifie aux yeux de la raison comme à ceux de l'intuition.

Tous les membres de la Société Théosophique étudient ces vérités, et ceux d'entre eux qui veulent devenir Théosophes, au sens véritable du mot, s'efforcent de les vivre.

Toute personne désireuse d'acquérir le savoir, de pratiquer la tolérance et d'atteindre à un haut idéal, est accueillie avec joie comme membre de la Société Théosophique.

SIÈGE DE LA SECTION FRANÇAISE

DE LA

SOCIÉTÉ THÉOSOPHIQUE

59, avenue de La Bourdonnais, Paris.

But de la Société.

1° Former le noyau d'une fraternité de l'humanité, sans distinction de sexe, de race, de rang ou de croyance.

2° Encourager l'étude des religions comparées, de la philosophie et de la science.

3° Étudier les lois inexpliquées de la nature et les pouvoirs latents dans l'homme.

L'adhésion au premier de ces buts est seul exigé de ceux qui veulent faire partie de la Société.

Pour tous renseignements s'adresser, selon le pays où l'on réside, à l'un ou l'autre des secrétaires généraux des Sections diverses de la Société dont voici les adresses :

France: 59, avenue de La Bourdonnais, Paris, 7ᵉ.
Grande-Bretagne: 28, Albemarle street, Londres, W.
Pays-Bas: 76, Amsteldijk, Amsterdam.
Italie: 70, Via di Pietro, Rome.
Scandinavie: 7, Engelbrechtsgatan, Stockolm.
Indes: Theosophical Society, Benarès, N. W. P.
Australie: 42, Margaret street, Sydney, N. S. W.
Nouvelle-Zélande: Mutual Life Building, Lower Queen street, Auckland.
Allemagne: 95, Kaiserallee, Friednau, Berlin.
Amérique: 46, Fifth Avenue, New-York.

ÉTUDE GRADUÉE
de l'Enseignement Théosophique

Ouvrages élémentaires.

Annie Besant. — Introduction à la Théosophie. . . .	0 50
Dr Th. Pascal. — La Théosophie en quelques chapitres	0 50
— La Sagesse antique à travers les âges.	1 »
— Conférences à l'Université de Genève	0 50
C. W. Leadbeater. — Une Esquisse de la Théosophie	1 25
Arnould. — Les croyances fondamentales du Bouddhisme.	1 »
Aimée Blech. — A ceux qui souffrent.	1 »

Ouvrages d'instruction générale.

J.-C. Chatterji. — La Philosophie ésotérique de l'Inde.	1 50
Annie Besant. — La Sagesse antique, 2 vol.	5 »
A. P. Sinnett. — Le Bouddhisme ésotérique.	3 50
— Le Développement de l'âme. . . .	5 »

Ouvrages d'instruction spéciale.

Annie Besant. — L'Homme et ses corps.	1 50
— Évolution de la Vie et de la Forme	2 50
— Dharma	1 »
— Le Christianisme ésotérique (sous presse).	» »

C. W. LEADBEATER. — Le Plan astral 1 50
— Les Aides invisibles . . . . 2 »
— Le Credo chrétien 1 25
— L'Homme visible et invisible
 (avec 28 planches coloriées) . 7 50
 relié 8 50
Dr TH. PASCAL. — Essai sur l'Évolution humaine. . 3 50

Ouvrages d'ordre éthique.

La Théosophie pratiquée journellement. 0 50
ANNIE BESANT. — Vers le Temple . . . . 2 »
— Le Sentier du Disciple . . . . . . 2 »
— Les trois Sentiers. . . . . 1 »
La Doctrine du Cœur, relié. 1 50
H. P. BLAVATSKY. — La voix du Silence. . . . . . 1 »
La Lumière sur le Sentier, transcrit par M. C., relié 1 50
La Bhagavad Gîtâ 2 50

Revue Théosophique française: le *Lotus Bleu*, publie la *Doctrine Secrète* en fascicules distincts. Le numéro 1 fr.
ABONNEMENT: France, 10 fr.; Étranger, 12 fr. Années antérieures, 12 fr.

Tous ces ouvrages se trouvent à la même librairie
10, rue Saint-Lazare, Paris

CONFÉRENCES ET COURS

SALLE DE LECTURE — BIBLIOTHÈQUE — RÉUNIONS

Au siège de la Société : 59, avenue de La Bourdonnais.
Le Siège de la Société est ouvert tous les jours de la semaine de 3 à 6 heures, et les dimanches à 10 heures et demie du matin. Prière de s'y adresser pour tous renseignements.

10-1-03. — Tours, Imp. E. Arrault et Cie.

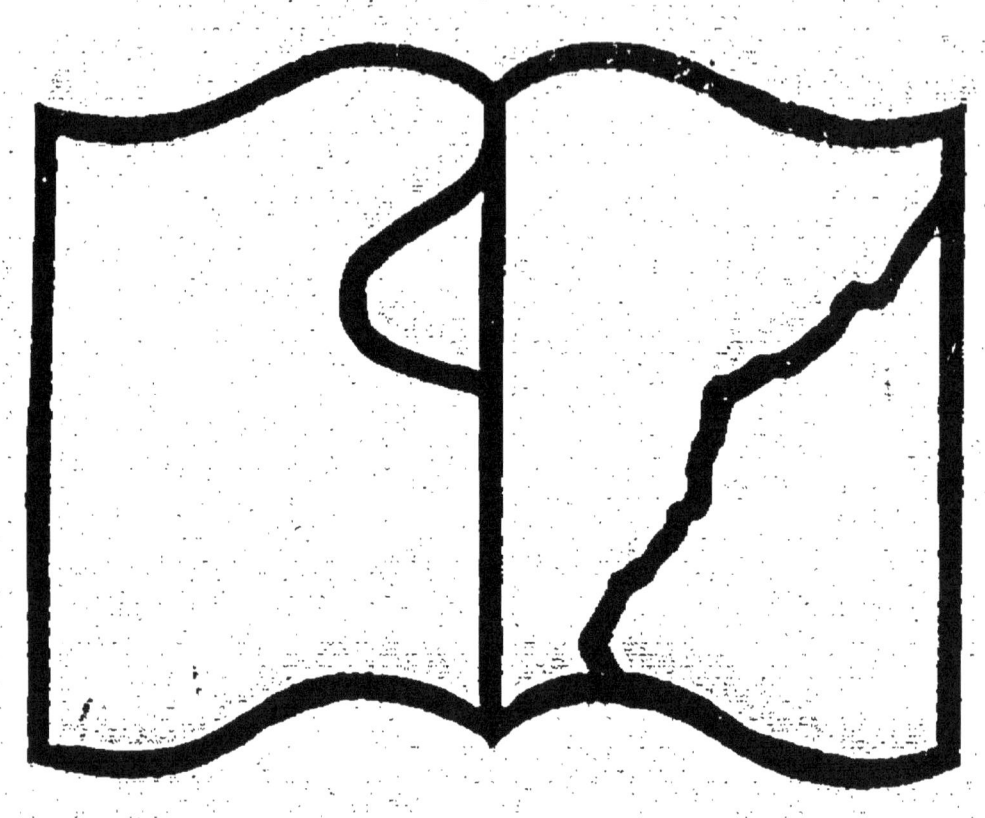

Texte détérioré — reliure défectueuse
NF Z 43-120-11

PUBLICATIONS THÉOSOPHIQUES

10, RUE SAINT-LAZARE

H. P. Blavatsky. — La doctrine secrète. *Synthèse de la Science, de la Religion et de la Philosophie.* — 6 volumes dont deux parus, le 3ᵉ en préparation. — Chaque volume .... 6 »

Dr Th. Pascal. — Les sept principes de l'homme. 2 »

Ed. Bailly. — L'Islamisme et son enseignement ésotérique 1 50

A. P. Sinnett. — Le Monde occulte .... 3 »

W. .... Histoire de l'Atlantide avec .... 3 »

.... Lumière d'Asie .... 3 »

.... Grands Initiés 3 50

Port en sus.

Tours, Imp. E. Arrault et Cⁱᵉ

www.ingramcontent.com/pod-product-compliance
Lightning Source LLC
Chambersburg PA
CBHW060137100426
42744CB00007B/819